QUESTIONS

DE MORALE

ET D'ÉDUCATION

CONFÉRENCES FAITES A L'ÉCOLE DE FONTENAY-AUX-ROSES

PAR

ÉMILE BOUTROUX

PROFESSEUR A LA FACULTÉ DES LETTRES DE PARI

PARIS

LIBRAIRIE CH. DELAGRAVE

15, RUE SOUFFLOT, 15

QUESTIONS DE MORALE

ET D'ÉDUCATION

SOCIÉTÉ ANONYME D'IMPRIMERIE DE VILLEFRANCHE-DE-ROUERGUE

Jules Bardoux, Directeur.

QUESTIONS
DE MORALE
ET D'ÉDUCATION

CONFÉRENCES FAITES A L'ÉCOLE DE FONTENAY-AUX-ROSES

PAR

ÉMILE BOUTROUX

PROFESSEUR A LA FACULTÉ DES LETTRES DE PARIS

PARIS

LIBRAIRIE CH. DELAGRAVE

15, RUE SOUFFLOT, 15

1895

AVANT-PROPOS

Le présent volume est la réimpression, sauf quelques corrections de forme, de conférences faites à l'école de Fontenay-aux-Roses en 1888, 1891, 1892, 1894, et publiées ces mêmes années par la *Revue pédagogique*. Ces conférences n'étaient, à dire vrai, que des causeries très familières, nullement destinées à la publication. Mais les élèves les ayant rédigées avec une intelligence et un soin parfaits, et leur travail ayant été soumis à ma revision, de leur collaboration avec le professeur est résultée peu à peu la matière d'un petit volume.

On sait que l'école de Fontenay a pour mission de former des professeurs et des directrices d'écoles normales primaires. Les élèves y entrent vers l'âge de vingt ans et y passent au moins deux années. Elles sont au nombre de soixante-dix environ, réparties en sections des sciences et des lettres. Plusieurs enseignements sont communs : l'enseignement de la littérature, de la psychologie, de la morale, de la pédagogie. Cette particularité est liée au principe qui

a

domine tout le régime de l'école et suivant lequel tous les enseignements y doivent concourir à l'éducation.

L'éminent inspecteur général qui dirige l'ensemble des études avec tant de dévouement, de compétence, de tact et d'élévation de vues, souhaite qu'à côté de l'enseignement régulier les élèves entendent, de temps en temps, sur des questions importantes en elles-mêmes indépendamment des examens, des expositions faites par des personnes étrangères au personnel ordinaire de l'école, et propres, soit à compléter leur instruction générale, soit à cultiver en elles l'esprit de réflexion et de conduite morale.

C'est appelé de la sorte par M. Pécaut que j'ai traité à Fontenay de quelques questions intéressant la morale et l'éducation. Quoique j'aie préparé ces entretiens en vue de l'auditoire auquel ils étaient destinés, je n'ai pas songé à faire subir à ma pensée une adaptation quelconque. Je ne puis croire que l'habileté, si bien intentionnée qu'elle soit, fasse partie d'une saine doctrine d'éducation; et j'estime qu'à l'école comme dans la vie, une seule chose est digne d'être offerte à l'adhésion de l'âme humaine : ce qu'en conscience on regarde comme vrai.

La question, à vrai dire, ne se pose pas dans une école telle que celle de Fontenay, où les élèves ne sont plus des enfants et ont été formées, par une direction si éclairée et si libérale, à vivre de la vérité. Mais si l'on généralise le problème, si l'on se demande dans quel esprit on doit envisager, à l'école, les choses qui touchent, non plus seulement à l'instruction, mais à l'éducation, on ne pourra se dissimuler que la réponse comporte des difficultés. Jusqu'à quel point avons-nous le droit, vis-à-vis d'enfants qui nous sont étrangers, de nous faire proprement éducateurs? Disposons-nous d'une doctrine suffisamment incontestée, avons-nous l'autorité nécessaire pour jouer un pareil rôle? Ne peut-il pas arriver que ce que nous appelons nos principes se réduise à des opinions personnelles? Notre droit s'étend-il au delà de l'enseignement des faits, qui est proprement ce que les familles attendent de nous, et ce qui comporte un contrôle certain? Pouvons-nous éviter ces questions? Pouvons-nous dire que, seules, l'ignorance ou la mauvaise foi les tiennent pour délicates?

Une chose paraît incontestable. L'école n'a pas le droit de se désintéresser de l'éducation. Il est clair qu'elle exerce une influence sur le caractère comme sur l'intelligence. Puisque cette influence existe, il faut faire en sorte qu'elle soit bonne. Mais ici commence la difficulté.

Selon une théorie que nous ont léguée quelques-uns des plus beaux génies du siècle dernier, les lumières, à elles seules, en affranchissant l'homme, le rendent nécessairement meilleur et plus heureux. L'école, à ce compte, pour remplir sa mission éducatrice, n'aurait pas à envisager dans l'éducation une fin distincte de l'instruction proprement dite. En poursuivant, comme pour lui-même, le progrès de l'intelligence, en se plaçant exclusivement au point de vue de la science comme étude des faits et de leurs rapports, l'école pourrait se dire qu'elle travaille du même coup à cette culture de la volonté qu'également nous attendons d'elle.

Il est douteux que le problème de l'éducation à l'école puisse se résoudre aussi sommairement. Dès le XVIIIᵉ siècle, Rousseau se demande si le progrès intellectuel a nécessairement pour conséquence un progrès moral, et il soutient que, pour que la civilisation ait cet heureux effet de tranformer un être mû par l'instinct en personne raisonnable et libre, il faut qu'elle soit dominée par l'idée des fins morales de la nature humaine. Et, de fait, l'expérience comme le raisonnement semblent bien montrer que l'instruction est surtout un instrument dont on peut faire un bon ou un mauvais usage, comme de la langue, selon Ésope. Elle peut fournir des ressources à l'éducation, elle ne la contient pas. Celle-ci a ses principes propres et veut être poursuivie directement.

Ne convient-il pas, dès lors, que l'école soit ouvertement chargée, comme d'une mission double, et de l'instruction et de l'éducation, et emploie les moyens qui conviennent à chacune d'elles? La question sera vite résolue si l'on se contente de généralités vagues; mais elle paraîtra sérieuse et embarrassante à qui voudra la résoudre avec précision.

Nous devons certes élever, et non pas seulement instruire; mais comment et dans quelle mesure? Il est clair que nous ne saurions nous attribuer la mission de rendre la famille et la société inutiles, et de former à nous seuls la conscience de l'enfant. Nous

ne disposons pas de moyens suffisants pour accomplir une pareille tâche; nous n'avons pas le droit d'y
prétendre. Nous nous sentons forts, je le veux, de
nos convictions, de notre volonté de bien faire. Mais
qui nous dit que nos convictions ne font pas à d'autres l'effet de fantaisies individuelles? Qui nous dit
que notre action ne sera pas taxée d'accaparement,
d'oppression morale?

À cela l'on répondra peut-être qu'il y a un moyen
de légitimer et de rendre efficace ce maniement des
consciences : c'est de le faire régler et sanctionner
par les lois de l'État ou par telle autorité reconnue.
Mais l'entreprise de modeler une conscience n'est pas
moins contraire à l'idée de la dignité humaine, que
ce soit l'État ou un individu qui la poursuive. La
force dont dispose l'autorité publique peut même la
rendre plus odieuse.

N'y aurait-il pas cependant un moyen suprême
d'échapper à ces objections? Ne s'évanouissent-elles
pas, si l'on pose en principe que, sous aucun prétexte,
l'action de l'éducateur ne doit tendre à opprimer la
conscience, mais qu'au contraire il a pour mission
de créer des hommes capables de penser et de se
conduire par eux-mêmes, ayant en eux, avec la règle morale et l'idée du devoir, la volonté de s'y conformer, par cela seul qu'ils se sentent libres? Comment l'éducation morale serait-elle une prise de possession des consciences, si ce qu'elle doit créer c'est
proprement l'autonomie de la conscience?

Ces formules demandent à être définies avec précision, si l'on veut qu'elles soient aussi salutaires dans la réalité qu'elles paraissent satisfaisantes au point de vue logique. Rousseau, on le sait, se rassurait sur le caractère d'absolutisme que présentait, dans sa théorie, le pouvoir souverain, en se disant qu'il ne pouvait y avoir oppression là où il ne s'agit que de forcer les hommes à être libres. Il ne faudrait pas se rassurer quand même sur la légitimité du maniement des consciences à l'aide de raisonnements analogues à celui de Rousseau.

Certes, nous devons placer le terme de l'éducation dans cette identification de la volonté avec la loi, qui seule assure la pratique du bien et lui donne tout son prix. Mais cette fin même montre assez quel scrupule dans le choix des moyens s'impose à l'éducateur. En effet, pour que l'autonomie de la conscience soit vraie et morale, et non illusoire, il faut, d'une part, que la loi avec laquelle s'identifie la volonté ait un caractère d'universalité aussi parfait que possible, et que, d'autre part, la volonté conserve toute sa liberté et tout son ressort. Mais combien il est à craindre que le genre d'autonomie que créera l'éducateur ne ressemble pas à celle-là! Est-il sûr qu'il s'en tiendra aux idées, aux lois vraiment universelles, et qu'il renfermera son action sur l'âme de l'enfant dans de justes bornes, s'il s'attribue pour mission propre de lui faire une conscience? Sa sollicitude même, le zèle avec lequel il enveloppera l'enfant et lui fera un milieu à souhait, ne risqueront-ils pas de se retourner contre lui? Et ne pourra-t-il pas arriver que, plus il travaillera à former une personne autonome, d'autant plus il inculque à l'enfant sa propre personnalité? A son insu d'ailleurs; car il est surprenant avec quelle facilité nous croyons que les autres pensent par eux-mêmes, quand nous voyons qu'ils pensent comme nous.

Il ne faut pas oublier que l'esprit de l'enfant est encore vide d'idées, et que l'opinion d'être quelqu'un est pour lui très séduisante. Sa passivité sera double, si à l'action naturelle de l'enseignement vous joignez la recommandation de l'indépendance et de la personnalité. Il embrassera vos idées avec d'autant plus d'ardeur qu'il se verra autorisé, engagé à les croire siennes. Il sera à peu près dans le cas de l'homme qui est sous l'empire d'une suggestion, et qui se croit d'autant plus lui-même que sa volonté a entièrement fait place à celle d'autrui.

Tel est l'écueil auquel il faut éviter de se heurter; et le plus sûr, à cet égard, sera toujours de n'aborder l'éducation de la conscience qu'avec une extrême discrétion. C'est aussi le parti le plus convenable. Car l'école ne doit pas laisser croire à la famille et à la société qu'elles peuvent se reposer sur elle du soin d'élever les enfants. L'école y contribuera, certes, de toutes ses forces, mais en qualité de collaboratrice, et non comme préceptrice seule responsable. Il s'en faut d'ailleurs que, renfermée dans de justes limites, elle soit réduite à l'impuissance.

Supposez les maîtres choisis, ainsi qu'ils doivent l'être, avec le plus grand scrupule au point de vue moral. Déjà leur vie, leur personne, leur honnêteté

professionnelle, chacun de leurs actes et chacune de
leurs paroles, constituent un enseignement moral très
efficace : l'enseignement par l'exemple. Mais ce n'est
pas tout. Entre l'instruction regardée comme immédiatement et nécessairement moralisatrice, et l'éducation conçue comme séparée de l'instruction, il y a
un moyen terme : l'éducation par l'instruction. Or
c'est là proprement ce qui appartient à l'instituteur
public. Son rôle est d'instruire, non de prêcher : il
n'en sortira pas. Mais parmi les matières de l'instruction, il en est qui se rapportent plus directement à la
morale : il s'y attachera avec prédilection. Et qu'on
n'objecte pas qu'en cet ordre de choses savoir n'est
rien, faire est tout, et qu'il y a loin d'une leçon ré-
pétée sans faute à un effort pour pratiquer ce qu'on
a appris. Tout, certainement, n'était pas paradoxal
dans la célèbre doctrine de Socrate, suivant laquelle
l'homme qui possède véritablement la science du bien
ne peut manquer de vouloir le faire. Toute science,
sans doute, n'est pas efficace pour rendre l'homme
meilleur ; mais la science morale proprement dite est
un important mobile d'action pour l'homme, et cela
d'autant plus qu'il voit ses maîtres conformer eux-
mêmes leur conduite à leur enseignement.

Mais en quoi doit consister cet enseignement de la
morale ? Visera-t-il à inculquer aux élèves un système dogmatique, considéré comme l'expression la
plus parfaite de la vérité en cette matière ? Loin de
moi la pensée de déprécier les magnifiques spécula-
tions d'un Aristote ou d'un Kant ! Mais il s'agit ici de

la vie, et non pas seulement de la pensée. Or, sans parler de la difficulté, pour des intelligences encore peu exercées, de comprendre ces savants systèmes, qui oserait attribuer à l'un d'eux une certitude permettant d'en rendre l'enseignement obligatoire? On peut certes leur donner la forme démonstrative des mathématiques : on ne change pas pour cela la nature des principes sur lesquels ils reposent. C'est un fait indéniable que ces principes : devoir, bonheur, dignité, droit, liberté, plaisir, intérêt, solidarité, lutte pour la vie, existence sociale, égalité, existence nationale, sont tous plus ou moins dépourvus de l'évidence et de l'exactitude qui caractérisent les notions mathématiques. Aussi demeurent-ils debout les uns en face des autres, sans qu'aucun d'eux soit jamais assuré d'une victoire définitive. Livré aux systèmes, l'enseignement serait obscur, prétentieux, abstrait, et sujet aux fantaisies ou au dogmatisme individuels.

Faut-il donc s'adresser à la science proprement dite et lui demander de fixer les lois de la morale, à l'aide de celles de la vie et de la sensibilité?

Descartes l'a déjà dit, lui qui pourtant rêvait de constituer une morale véritablement scientifique : la morale, ainsi entendue, ne peut venir qu'à la suite de toutes les autres sciences. Son objet est le plus complexe de tous. Tant que les autres sciences sont imparfaites, il est prématuré d'aborder celle-là. On risque de se tromper du tout au tout en développant avec conséquence des principes incomplets ou erronés. Cependant il faut vivre, et l'action n'attend pas. Force nous est de chercher ailleurs les maximes que la science, même la plus hardie, ne nous fait espérer que pour une époque très éloignée, et de suppléer à l'évidence démonstrative par le sens pratique.

Comment procède, en fait, chacun de nous pour déterminer les maximes morales sur lesquelles il réglera sa conduite? Il me semble que c'est à cette question qu'il en faut venir, et qu'il est factice et illégitime d'imaginer pour l'école une méthode autre que celle qui, dans la vie réelle, est suivie par les honnêtes gens.

Or nous ne réglons pas d'ordinaire notre conduite sur un système métaphysique; surtout nous ne nous enfermons pas dans un seul système. Encore moins nous piquons-nous de rigueur scientifique : car, à ce compte, de même que nous nous adressons à un ingénieur pour résoudre un problème de mécanique pratique, à plus forte raison devrions-nous consulter un déontologue de profession pour obtenir la solution d'un problème moral. Mais notre réflexion, sollicitée par la vie, par nos observations, nos conversations, nos lectures, nos connaissances, s'attache à certaines idées qui nous paraissent plus importantes, plus vraies, plus belles, plus inviolables que les autres ; et de ces idées nous nous composons une sorte de code que nous jugeons mal d'enfreindre. Plus d'ailleurs nos connaissances et notre intelligence sont développées, plus large est la base de notre morale, plus grand notre effort pour y mettre de l'harmonie et de l'unité. Mais les maximes empruntées directement aux traditions et à la vie demeurent l'essentiel, et nous ne nous faisons pas faute de déroger à quelqu'un des systèmes qui s'ébauchent dans notre esprit, quand il nous semble que telle maxime contraire possède, au regard d'une conscience délicate, une valeur supérieure.

Il convient d'autant mieux de s'en tenir à cette méthode et de la préférer à l'enseignement dogmatique de tel ou tel système philosophique, que ces systèmes mêmes, comme ceux que chacun de nous se forme, ne sont, en fait, que la réflexion des grands esprits sur les notions morales dont vit l'humanité. Kant le reconnait, lui qu'on serait tenté de citer comme le type du pur spéculatif. Il part, nous dit-il, des notions morales communes. L'existence de la morale est pour lui un fait, comme celle de la science. Sa philosophie ne saurait viser à la construire, non plus qu'à construire les lois de la nature. Dans la *Critique de la raison pure*, il a expliqué comment la science est possible, c'est-à-dire intelligible : dans la *Critique de la raison pratique*, il réfléchit de même sur la morale telle qu'elle nous est donnée; et il en dégage, à la manière du chimiste, les éléments essentiels, déterminés dans leur nature et dans leur rôle.

Les plus grands génies n'ont donc pas procédé, dans l'établissement de leurs systèmes de morale, autrement que le vulgaire. Il ne s'ensuit d'ailleurs en aucune façon que nous devions tenir leur œuvre pour inutile. Bien au contraire, nous leur demanderons d'autant plus de nous aider, selon la mesure de notre intelligence, à comprendre et à organiser les notions morales communes, quand nous saurons que c'est précisément ce travail qu'ils ont eu en vue dans leurs sublimes constructions.

Quel est au juste l'objet que nous devons nous proposer dans notre réflexion sur les idées morales communes? Ici encore considérons l'homme réel, aux prises avec les conditions réelles de l'existence. Les problèmes qui se posent devant lui ne ressemblent pas à ceux qui s'offrent au savant. Le savant se trouve en présence de plusieurs hypothèses possibles : il s'agit pour lui d'en retenir une en éliminant les autres. Un principe pur de toute contradiction interne est ce qu'il se propose d'établir. Mais dans la vie pratique il s'agit, au contraire, le plus souvent, de concilier des partis qui, logiquement, paraissent contradictoires. Pour y réussir, tantôt on prend un moyen terme, tantôt on cherche un terrain où s'atténuent les contradictions. Souvent on accepte une solution qui présente de réels inconvénients, parce qu'elle présente de plus grands avantages. L'homme d'action sait qu'en toute chose il y a du mauvais lié au bon, et il admet le tout en bloc, pourvu que le bon l'emporte, s'il lui est impossible de faire le départ.

L'éducateur ne peut mieux faire que d'enseigner ce qui est en effet l'objet de nos méditations dans la vie réelle. Il recueillera les plus belles et solides expressions de la conscience morale, et, à l'exemple de l'homme qui agit au sein de la société, il en cherchera la conciliation. Il comprendra que la cité, qui a pu suffire aux Grecs, ne suffit pas aux modernes ; que ceux-ci voient aussi des fins en soi dans la famille, dans la fraternité humaine, dans la science, dans la justice, dans le respect de la conscience, dans la liberté, dans le travail, dans l'égalité ; et il imprimera dans les esprits la persuasion que la meilleure conduite est celle qui, parmi tant de points de vue divers, concilie le plus d'intérêts et fait le moins de victimes. Il se défiera de l'idée peu pratique de l'absolu. Toutes les œuvres de l'homme sont défectueuses par quelque endroit. Ne vouloir retenir que celles qui sont bonnes à tous égards, ce serait les condamner toutes.

Mais ce rapprochement des idées les plus diverses ne risquera-t-il pas de n'être que désordre et confusion ? Attendra-t-on que l'harmonie s'y introduise d'elle-même, ou se réglera-t-on sur certains principes ? Il faut, certes, se garder des constructions factices et individuelles ; mais il n'est pas nécessaire d'y recourir pour pouvoir organiser dans une certaine mesure les idées morales.

On a beaucoup médit de la méthode d'autorité. Elle est sans usage dans la science ; mais qui de nous s'en passe dans la vie ? En l'absence d'un critérium matériel ou rationnel, qu'avons-nous ici de plus considérable que le long attachement de l'humanité à certaines idées, la haute antiquité de telle maxime encore vivante aujourd'hui, le témoignage d'un So-

crate, d'un Marc-Aurèle, d'un Pascal? L'homme
vertueux, disait Aristote, est lui-même la règle et la
mesure de la vertu. Et n'est-ce pas en effet un véritable critérium, que l'accord des intelligences humaines, et en particulier des plus sublimes intelligences,
sur les fins qui conviennent à l'activité de l'homme?

Je ne suis donc pas dépourvu de guides; je trouve
des principes directeurs, en entrant en communion
avec les hommes en général et avec les plus grands
penseurs et hommes de bien de tous les temps. Peut-
être toute la sagesse en matière pratique se résume-
t-elle dans la parole célèbre : « Je suis homme, et je
ne considère rien d'humain comme m'étant étranger. » Il serait étrange qu'un homme rejetât, sans
en rien vouloir retenir, les idées et les sentiments qui
ont créé l'humanité, qui l'ont doté des biens et des
aspirations auxquels elle est attachée aujourd'hui
même. Combien n'est-il pas plus naturel, plus juste,
et sans doute plus salutaire, de chercher dans toutes
les grandes manifestations de la nature humaine l'é-
lément foncièrement humain qu'elles ne peuvent
manquer de recéler, de le recueillir pieusement et de
le rajeunir en l'incarnant dans des formes nouvelles !

Souhaiterait-on de tirer des réflexions qui précèdent
quelques conséquences positives immédiatement ap-
plicables à l'enseignement? Ces conséquences seraient
les suivantes.

La morale se vit avant de s'enseigner; c'est par
l'exemple qu'elle s'introduit tout d'abord à l'école.
Dans son enseignement, le maître, en cette matière

moins qu'en aucune autre, ne saurait avoir le droit
de donner carrière à son imagination ou à ses préfé-
rences individuelles. Il ne peut parler que sous l'idée
de l'universel. Non seulement il aura égard à tous ses
élèves et non pas seulement à quelques-uns, mais il
parlera les fenêtres ouvertes, de manière à ne dire
que ce qui peut être entendu de la société tout entière. Ce qu'il dit d'ailleurs ne s'impose pas à lui-
même moins qu'à ses auditeurs. Il n'y a pas de maître devant la morale.

À la question : pourquoi doit-on faire ceci et éviter
cela? le maître ne connaît qu'une réponse, la seule en
définitive que possède l'humanité : « Ceci est bien,
cela est mal. » On n'élève pas les enfants en leur apprenant à ergoter sur le devoir. Le père de famille
qui, à chaque instant, est aux prises avec la réalité,
sait qu'une seule parole est efficace : « Ceci ne se fait
pas; il faut faire cela. » La force de cette parole réside dans l'égalité de situation où se trouvent devant
elle les grands et les petits.

Quant à savoir quelles sont les choses que l'on doit
faire ou éviter, c'est ce que le maître trouvera occasion d'apprendre à ses élèves à propos de toutes les
matières de l'enseignement. Le travail comme le jeu
doit être dominé par des idées de devoir, de conscience et d'honneur; et, sans prêcher en aucune façon,
on peut aisément rappeler les enfants à l'observation
constante de ces principes. Si d'ailleurs on considère
certaines matières de l'enseignement, telles que l'histoire et la littérature, il est trop clair que, pour qui ne

s'en tient pas aux mots et aux faits matériels, mais
voit dans ces objets ce qui les constitue en effet, à
savoir les idées, les sentiments et les destinées de
l'âme humaine, ils fournissent à tout propos des
moyens d'instruction et de culture morales.

Comme exercice plus directement approprié à cette
culture, on peut recommander l'étude d'exemples ou
de maximes remarquables, tirées de l'histoire et de
la littérature.

L'exemple est probablement le moteur moral lui-
même. Qui a fait le christianisme? Est-ce une théorie?
Est-ce une vie?

Les maximes sont la forme de la théorie qui se
rapproche le plus de la pratique. Les stoïciens et les
épicuriens, qui prétendaient que leur philosophie fût
un genre de vie, la réduisaient en aphorismes. Leibnitz, pour mettre l'homme en garde contre le psittacisme, qui répète les paroles sans en être touché et
sans faire effort pour les mettre en pratique, aimait
à répéter : « Penses-y bien et souviens-toi. » Ce précepte suppose que l'on a dans l'esprit les idées sous
forme de maximes. Et, de fait, quelle n'est pas la force
d'une pensée revêtue de cette forme souveraine, qui
la fixe pour l'éternité! Un long discours fera-t-il sur
nous une impression plus profonde que ce vers de
Corneille :

> Un père est toujours père :
> Rien n'en peut effacer le sacré caractère?

Une maxime bien frappée se grave dans la mémoire, nous revient constamment à l'esprit, s'assimile à notre substance intellectuelle par le charme de la forme comme par la richesse et la profondeur de l'idée, et devient insensiblement un mobile, un principe d'action, un élément de notre volonté.

Ce serait donc déjà faire œuvre très utile, encore que simple et modeste, que de dicter chaque jour à ses élèves, tantôt le récit d'une belle action, tantôt une maxime tirée du trésor religieux, moral, littéraire de l'humanité. Il serait intéressant pour le maître de choisir lui-même les uns et les autres, de les disposer dans tel ou tel ordre. Ces récits et maximes seraient appris par cœur et souvent répétés. Le maître les expliquerait avec soin, les rapprocherait entre eux, et, selon ses connaissances et ses facultés, en tirerait la matière de réflexions plus ou moins élevées et philosophiques. Un tel enseignement est à la portée des moins ambitieux et peut contenter les plus savants. Qu'ont donc fait les grands prédicateurs autre chose que d'expliquer des maximes de l'Écriture ?

Appuyé sur de tels fondements, l'enseignement de la morale à l'école peut facilement échapper au reproche d'obscurité, d'abstraction, de sécheresse, de difficulté, de fantaisie individuelle. Que la valeur morale des maîtres commande l'estime, qu'ils se sentent en possession de cette liberté d'action qui est la condition du bien et même du sentiment de la responsabilité, qu'ils enseignent d'ailleurs au grand jour, soutenus par la sympathie et les conseils de leurs appuis naturels ; et l'école ne faillira pas au devoir qu'elle a de contribuer, pour sa part, à l'éducation morale de la jeunesse. Elle lui transmettra les plus nobles leçons que nous ait léguées l'humanité : n'est-ce pas le meilleur moyen d'en faire des hommes?

Les conférences que nous publions ont été conçues dans cet esprit. Elles ont pour objet, non d'enseigner dogmatiquement tel ou tel système, mais d'appeler l'attention sur les plus importantes idées morales impliquées dans notre civilisation. Ces types de la morale doivent d'abord être considérés en eux-mêmes, de telle sorte que l'on prenne conscience de leur affinité avec l'âme humaine. Et ce n'est que quand une fois on en est bien maître qu'on est en droit de se demander s'ils s'accordent ou se contrarient, s'il convient de choisir entre eux ou de chercher à les concilier. A procéder de la manière inverse et juger des données morales d'après un système préconçu, on risquerait de laisser échapper de précieuses conquêtes de la conscience humaine et de violer la sublime règle si bien exprimée par le vers de Térence.

Nos deux dernières conférences se rapportent spécialement à la pratique de l'enseignement et de l'éducation. L'idée qui les domine est la suivante.

Il convient de distinguer entre l'éducation et la pédagogie, prise du moins en un certain sens qui se rencontre fréquemment.

L'éducation pure et simple va à son but sans artifice, par les moyens que suggère le bon sens, le tact, l'affection, ou qu'enseignent l'observation et l'expérience. La pédagogie, chez plusieurs de ses représentants les plus célèbres, fait fi de ces procédés naturels, et s'ingénie à y substituer des méthodes savantes et artificielles. Volontiers elle voit dans l'enfant un être à part, un animal dont elle aurait mission de faire un homme, et que l'on peut d'ailleurs dresser à son gré pourvu qu'on sache s'y prendre. Justifiant les moyens par la fin, elle admet des ruses et des mensonges salutaires, et elle s'admire dans ses inventions. A quoi bon créer une science nouvelle, appuyée sur plusieurs autres sciences, si c'est pour procéder comme le premier venu? Donc la pédagogie dont je parle ne marche jamais droit, mais cherche toujours des voies détournées. Elle veut que l'enfant croie aller de lui-même au but où elle le mène; elle entend qu'il prenne pour l'effet de la nature toute seule ce qui est en réalité l'effet de la nature machinée et mue par l'opérateur. Alors qu'elle ne parle que de nature, l'art ne lui suffit pas, mais elle fait appel à l'artifice.

« Si vous voulez, dit Locke, employer l'activité des enfants à quelque chose qui leur soit utile, vous devez leur présenter comme une récréation, et non comme une tâche à remplir, tout ce que vous désirez qu'ils fassent. A cet effet, et pour qu'ils ne s'aperçoivent pas que vous y êtes pour quelque chose, voici comment vous devez procéder. Dégoûtez-les de tout ce que vous ne voulez pas qu'ils fassent, en les contraignant à le faire, sous un prétexte ou sous un autre, jusqu'à ce qu'ils en soient fatigués. Vous trouvez que votre enfant joue trop à la toupie? Ordonnez-lui d'y jouer

plusieurs heures par jour : il ne tardera pas à en avoir
assez et à désirer la fin de cet amusement. Si, de cette
manière, vous avez su lui imposer comme une tâche
les jeux qui vous déplaisent, vous le verrez bientôt,
de lui-même, se retourner avec joie vers les choses
que vous souhaitez qu'il aime, surtout si vous les lui
présentez à titre de récompense pour s'être acquitté
de la tâche de jeu que vous lui avez imposée. Avec
quelle spontanéité et quelle ardeur ne réclamera-t-il
pas ses livres, si vous les lui promettez comme le prix
de l'empressement qu'il aura mis à fouetter sa toupie
pendant le temps prescrit! Grâce à de tels artifices,
conclut Locke, il dépendra de vous que l'enfant trouve
aussi amusant d'étudier les propriétés de la sphère
que de jouer à la fossette[1]. »

Rousseau veut enseigner à Émile l'origine de la
propriété. Il fait naître en lui l'envie de cultiver un
jardin. Il travaille avec lui, non pour le plaisir d'É-
mile, mais pour son propre plaisir. Émile, du moins,
le croit ainsi. Il se fait son garçon jardinier. Émile
est ravi de voir pousser ses fèves. Le précepteur suit
son idée. « Ceci vous appartient, dit-il ; il y a dans
cette terre quelque chose de vous, que vous pouvez
réclamer contre qui que ce soit. » Or, un beau ma-
tin, on trouve les fèves arrachées, tout le terrain
bouleversé. O douleur! ô désespoir! Et chacun de
prendre part à la peine, à l'indignation de l'enfant.
On cherche, on s'informe. Enfin l'on découvre que

1. Locke, *Quelques Pensées sur l'éducation*, XVIII, trad. Compayré,
abrégée.

c'est le jardinier qui a fait le coup. On l'interroge. « Quoi! Messieurs, répond celui-ci, c'est vous qui avez ainsi disposé de ce qui est à moi, qui avez remplacé mes melons de Malte par des fèves? Je vous défends de vous promener à l'avenir dans mon jardin. » Et l'objet du précepteur est atteint : Émile a saisi l'origine de la propriété[1].

Le célèbre fondateur du *Philanthropinum* de Dessau, Basedow, n'admet pas qu'on restreigne la liberté de jouer chez les enfants: mais il prescrit au maître de faire en sorte que les enfants ne choisissent presque jamais d'autres jeux que ceux auxquels il veut les voir s'adonner. Comme l'étude, dans le *Philanthropinum*, est un jeu, l'enfant doit vouloir toujours étudier. Si pourtant il regimbe, on l'applique au jeu du travail manuel, et on rend celui-ci aussi pénible qu'il est nécessaire pour que l'enfant, de lui-même, redemande l'étude. Il importe, dit encore Basedow, d'accoutumer l'enfant à modérer ses désirs et à vaincre ses répugnances. Pour y réussir pédagogiquement, on l'habituera à des refus, sans lui en expliquer les motifs. Lors même qu'on serait disposé à lui accorder ce qu'il souhaite, on le lui fera parfois attendre ou on ne le satisfera qu'à moitié. De temps en temps on interrompra brusquement le boire, le manger ou la récréation, pour appliquer l'enfant à quelque autre chose. L'enfant a-t-il du dégoût pour certains aliments, c'est une raison pour le contrain-

---

1. Rousseau. *Émile*. liv. II.

dre à en manger, en le privant de toute autre nour-
riture [1].

Voilà ce qu'on appelle revenir à la nature. En réalité, entre l'enfant et le but à atteindre, on interpose
un ensemble d'artifices auxquels on tient parce qu'on
y déploie de l'habileté et qu'on y prend conscience de
sa fonction d'éducateur.

L'emploi de ces artifices est illégitime. On n'a pas
plus le droit de tromper un enfant qu'un homme; il
est mal de lui faire croire qu'il veut de lui-même ce
qu'en réalité on lui suggère. Dût votre ruse n'être
jamais découverte, vous auriez péché en faisant servir
la vérité par le mensonge. Mais comme il y a mille
chances pour qu'elle le soit, il arrive que, sous prétexte d'enseigner à l'enfant la grammaire ou la géographie, vous lui corrompez l'âme.

Ces savantes méthodes sont loin d'ailleurs d'être
aussi efficaces ou nécessaires qu'on se l'imagine.

Si ingénieuses qu'on les suppose, elles arrêtent
l'attention et l'intérêt de l'enfant à un objet intermé-
diaire, et l'empêchent de se donner tout entier à l'é-
tude qu'on lui propose. Ému et justement indigné
par sa déconvenue, Émile est peu en état de recevoir
la leçon d'économie politique que lui ménage son
précepteur. Habitué à ne voir dans le travail qu'un
jeu ou une matière à satisfactions d'amour-propre,
l'enfant restera étranger aux objets de ses études,
et se hâtera de secouer, au sortir de l'école, le peu

_____

1. Pinloche, _la Réforme de l'éducation en Allemagne au dix-huitième_
siècle, Basedow et le Philanthropinisme, p. 219 s-qq.

de connaissances qu'il aura logé à la surface de son esprit.

Il faut mettre les enfants en face des réalités, non des fantômes pédagogiques. Seule la vérité est digne d'eux, seule elle a la force de pénétrer leur intelligence. Quelle différence d'attrait et d'efficacité entre un enseignement où l'on traite les choses comme des mots, et un enseignement où sous les mots on cherche les choses! Un distingué professeur allemand m'a conté qu'ayant achevé dans un lycée français, en 1867, des études faites dans un gymnase allemand, il fut frappé du caractère vivant et réel qu'avait chez nous l'enseignement de la philosophie, et qu'en comparaison les enseignements qu'il avait reçus en Allemagne lui parurent scolastiques et froids.

C'est l'application de ces idées à quelques questions d'éducation qu'ont en vue nos deux dernières conférences. Elles tendent à montrer que la communication directe de l'esprit avec les grands objets de la littérature et de la science, est, à l'école même, possible et efficace, que la vérité est par elle-même intelligible et désirable, et que c'est à la faire voir telle qu'elle est en soi, non à la masquer par de prétendues adaptations, que doit s'appliquer l'éducateur.

Il en est de l'éducation comme de la morale. Être homme et faire des hommes, par la communion de l'individu avec l'humanité : voilà la loi.

Mai 1895.

LES TYPES PRINCIPAUX DE LA MORALE

(Trois conférences.)

PREMIÈRE CONFÉRENCE

LA MORALE HELLÉNIQUE OU ESTHÉTIQUE[1]

Je me propose de mettre sous vos yeux le tableau des grands systèmes de morale que nous offre la civilisation à laquelle nous appartenons. Je ne m'occupe ni de remonter aux origines ni d'être complet. Je considère en eux-mêmes et je tâche de présenter avec leurs traits caractéristiques les principaux types de perfection d'après lesquels, consciemment ou à notre insu, nous réglons nos appréciations ou notre conduite morales. Ces types sont : la morale hellénique ou esthétique, la morale chrétienne ou religieuse, la morale moderne ou scientifique. Quels sont les motifs, les éléments essentiels, la valeur de ces conceptions, et quel rôle convient-il qu'elles jouent dans notre vie?

En quoi consiste, en premier lieu, la morale hellénique?

1. Sources principales : Xénophon, *Memorabilia*; Platon, *Gorgias*, *Phédon*, *la République*, livre VI; Aristote, *Morale à Nicomaque*, livres I, V, VIII, X; Cléanthe, *Hymne à Jupiter*; Plutarque, *Œuvres morales*; *Manuel d'Épictète*; Marc-Aurèle, *Pensées*.

I

La morale naît en Grèce au moment où la raison se saisit des rênes de la vie humaine, tenues jusqu'alors par la religion.

Cette religion, qui a joué un si grand rôle dans l'organisation des sociétés antiques, était double dans son origine : il y avait d'une part la religion des morts, d'autre part la religion de la nature. La religion des morts se fonde sur cette croyance, que les ancêtres disparus protègent la famille, à la condition que son chef leur rende un certain culte. A cette croyance se rattachent des notions morales essentielles : celle de l'unité et de la continuité de la famille, celle de l'obligation et de la sainteté du mariage, celles de l'autorité paternelle, de la propriété et de la patrie. Mais elle eût enfermé l'homme dans un cercle très étroit, si la religion de la nature, le culte rendu aux forces naturelles divinisées, la croyance à des dieux qui protègent tous les hommes, et non plus seulement un groupe restreint, ne fût venue élargir l'âme humaine, et n'y eût fait naître un vague sentiment de la fraternité universelle. « Un étranger, un suppliant est pour toi un frère, » lisons-nous dans Homère [1]. Les malheureux sont envoyés par Zeus; souvent même ce sont des dieux déguisés.

Sous sa double forme, la religion a cultivé la raison pratique, éveillé la conscience morale ; et celle-ci, bientôt, s'est retournée contre elle. Les sages se sont scandalisés des fables mythologiques. « Homère et Hésiode, dit Xénophane, attribuent aux dieux tout ce qui, parmi les hommes, est tenu pour vil et honteux. »

[1]. *Odyssee*, VIII, 546.

Une autre puissance bat en brèche la religion, dès le
v siècle : c'est la science, laquelle entreprend d'expliquer
les phénomènes de la nature par des causes mécaniques
et aveugles. Le soleil et les étoiles, qui, pour la pensée
religieuse, étaient des dieux, ne sont, pour Anaxagore, que
des pierres enflammées. Les diverses écoles philosophiques, ioniens, pythagoriciens, éléates, atomistes, sont
d'ailleurs loin de s'accorder entre elles ; et leurs disputes
engendrent le scepticisme dans beaucoup d'esprits. C'est
alors que les sophistes déclarent que nul ne peut atteindre
à la certitude ; qu'on ne peut rien savoir, ni des dieux ni
de l'origine du monde ; que l'homme est la mesure de la
vérité, et qu'en tout ordre de connaissances il n'y a proprement que des opinions. Et de là, ils concluent qu'en
matière pratique il n'existe qu'une loi naturelle : la recherche du plaisir.

II

Tel était l'état de la conscience parmi les penseurs du
monde grec, lorsque parut Socrate. Socrate est véritablement le fondateur de la morale. Il conçut le premier cette
idée, que la morale avait un fondement distinct de la tradition religieuse, et que, néanmoins, elle ne reposait ni
sur la coutume ni sur l'instinct. Il estima que l'on pouvait
trouver, dans l'observation attentive et méthodique de la
nature humaine, les éléments d'une doctrine à laquelle ni
la fixité, ni l'élévation, ni l'autorité, ne feraient défaut.
Toute la question était de bien discerner la vraie nature
de l'homme. La morale de Socrate est le premier essai de
morale laïque et rationnelle.

L'esprit de la morale socratique est tout entier dans la
maxime : « Connais-toi toi-même, » entendue de la façon
profonde et originale qui fut propre à Socrate. Connais-toi

toi-même, c'est-à-dire : cherche à démêler, par la réflexion, ce qu'il y a en toi d'essentiel, de général et de permanent, ce qui est caractéristique de l'homme ; et agis conformément à la nature de ce véritable toi-même.

Voyons donc comment les Grecs entendaient la véritable nature humaine. A leurs yeux, l'œuvre propre de l'homme, l'œuvre où il se révèle excellemment, c'est la création de la cité ou communauté politique. Certains théoriciens considèrent aujourd'hui la société politique comme un phénomène purement naturel, où la raison réfléchie de l'homme n'a, en réalité, aucune part. Les Grecs ne pensaient pas ainsi : ils voyaient dans la cité une institution fondée sans doute sur la nature, mais réalisée par l'intelligence, par la réflexion, par l'industrie humaines. La cité était une œuvre d'art, l'œuvre d'art par excellence.

Et qu'est-ce que la cité ? quel en est le principe ? La cité est essentiellement une harmonie : c'est l'ordre intelligent substitué au désordre naturel : c'est l'équilibre établi entre les diverses classes d'hommes qui représentent les aptitudes et les besoins divers de la nature humaine. L'idée morale qui s'y manifeste, c'est l'idée de la mesure, de l'ordre, de l'harmonie. C'est donc la faculté de concevoir et réaliser l'harmonie que le Grec découvre en son âme lorsqu'il se replie sur lui-même.

Aussi cette idée est-elle le fondement de la morale hellénique. Cultiver en soi l'intelligence, qui est la puissance d'apercevoir les rapports et l'harmonie des choses, et faire de la vie humaine une œuvre d'art en la réglant suivant les lois de l'intelligence : voilà le fonds commun des différents systèmes de morale qui ont fleuri en Grèce.

Consultons les principaux de ces systèmes, surtout celui d'Aristote, de tous le plus purement hellénique ; et nous verrons quel est, au juste, le sens et la portée de cette idée directrice.

III

L'individu, tout d'abord, doit faire régner l'ordre et la mesure dans ses actions. Comme règle pratique, Aristote enseigne qu'il convient de se tenir toujours dans le juste milieu. Or, pour cela, il faut rester maître de soi. La vertu par excellence, ce sera donc l'empire sur soi-même.

Cette doctrine est poussée très loin. Le sage antique est disposé à regarder comme légitime tout exercice des facultés humaines dans lequel il demeure maître de lui-même. Sur bien des points il n'a pas les délicatesses et les scrupules de la conscience moderne. Parfois, chose étrange, nous le voyons simuler l'ascétisme et se soumettre à de dures épreuves physiques ou morales : mais le vrai Grec, en cela, n'a d'autre dessein que de fortifier sa volonté. Lorsque Socrate reste toute une nuit les pieds dans la neige, il essaye sa force d'âme. Quand il supporte les colères de Xantippe, ce n'est, de sa part, ni indulgence ni résignation : sa femme lui sert à s'éprouver lui-même.

La famille, premier groupement des individus, est, selon les Grecs, une institution naturelle; mais il appartient à l'homme de lui conférer toute la beauté et la perfection qu'elle comporte. Et c'est en y introduisant l'ordre, l'harmonie, l'empire de la raison, qu'il y réussira. Pourquoi l'autorité appartient-elle au père? Parce que c'est chez le père que la raison est le plus développée. Par suite, c'est à gouverner selon la raison que le père doit employer son autorité. Quels seront les rapports de l'homme et de la femme? Chacun d'eux devra travailler au bien de la communauté, selon ses aptitudes naturelles. Il y a entre les époux diversité complémentaire de fonctions plutôt que rapport de subordination. Et si l'enfant doit obéir, ce n'est pas parce qu'il est le plus faible, c'est parce qu'en lui la raison n'existe encore qu'à l'état de puissance : il obéit à une autorité raisonnable, pour devenir raisonnable à son tour. C'est une chose digne de remarque, que la morale des sages de la Grèce ne tienne aucun compte de la force, et que ce soit le degré de raison qui règle seul la subordination des êtres.

Au-dessus de la famille il y a l'association politique, et c'est dans cette association que se réalise pleinement la vie humaine. L'homme, dit Aristote, est un animal politique : expression qui a un sens très précis et tout à fait grec. Il faut entendre par là que l'homme est fait pour la cité hellénique, conçue à l'opposé des empires barbares où règne le despotisme, c'est-à-dire pour la cité où les hommes libres vivent suivant la raison.

L'État a pour fin de réaliser la justice : et le seul souverain dans l'État, c'est la raison, manifestée par les lois. Cependant les lois ne suffisent pas à la complète réalisation de la justice dans une société humaine. Car elles n'énoncent que des classes d'actions, des généralités abstraites, dont s'écartent toujours plus ou moins les cas fournis par la réalité. C'est pourquoi il faut, à côté des lois, des magistrats, qui, dans chaque cas, appliquent la loi avec tact et discernement, en tenant compte des conditions individuelles. Le magistrat, c'est la loi faite homme, la loi se déterminant suivant les formes variées et changeantes de la vie.

L'idée de justice domine toutes les conceptions politiques des Grecs. Voici, par exemple, comment Aristote parle de la démocratie, pour laquelle il a peu de goût, mais où il voit cependant une forme légitime de gouvernement. Le grand nombre, dit-il, y fait les lois, non parce qu'il a l'avantage de la force, mais parce qu'il a celui de la raison. Lorsque cent hommes sont réunis et délibèrent, leurs intelligences ne s'additionnent pas purement et simplement, mais chacun d'eux vaut mieux et voit plus clair que s'il était seul. L'individualité mesquine et capricieuse s'efface, et l'homme universel se fait jour. Il se forme une unité qui n'est pas un total, mais qui est l'idéal même de raison et de justice vers lequel confusément aspiraient les individus.

La justice : telle est, pour les Grecs, la vertu sociale par excellence. Il semble, à vrai dire, que l'on trouve chez Platon des maximes qui dépassent la pure idée de justice et s'inspirent du sentiment de la charité. « Il ne faut faire de mal à personne, pas même au méchant, » lisons-nous dans la *République*[1]. N'est-ce pas là déjà la charité chrétienne ? — Nullement ; et il suffit de lire le contexte pour s'en convaincre. Suppose, ajoute Platon, que tu aies un cheval fourbu : iras-tu le rouer de coups ? Loin de l'améliorer, tu achèverais de le gâter. Il en est de même du méchant. C'est un ignorant et un malade. Si on lui rend méchanceté pour méchanceté, on aggrave son mal. Il faut faire ce qui est de nature à le guérir, c'est-à-dire le soumettre à la justice et l'instruire. Voilà ce qui est raisonnable et juste.

Élevé par la cité, le sage aspire à une réalisation de la justice plus parfaite encore que la justice politique proprement dite. La loi et le magistrat s'adressent à des êtres en qui la passion fait obstacle à la raison : en leur obéissant, le citoyen agit par contrainte plus encore que par persuasion. Supposez qu'il existe une société d'hommes voués spécialement au culte de la raison et possédant la parfaite liberté qu'elle confère : ces hommes seront plus que concitoyens, ils seront amis. La commune sagesse qui sera le principe et le lien de leur amitié en assurera la stabilité et la perfection, sans qu'il soit besoin de recourir à aucun moyen extérieur. L'amitié n'est ainsi pour les Grecs que la forme supérieure de la justice. On aime

1. Liv. Ier, ch. IX.

son ami pour ses mérites. Rien n'est abandonné à l'instinct pur et simple, à la sympathie irréfléchie. L'intelligence est le principe de l'excellence, ici comme partout. Le Grec veut que tout en lui procède de la raison.

Si haut que nous nous soyons élevés, nous n'atteignons pas encore au terme du progrès de la nature humaine. A vrai dire, nous sommes restés jusqu'ici dans le vestibule du temple de la sagesse : nous n'avons pas pénétré dans le temple même. Nous avons vu la raison aux prises avec la nature et cherchant à la soumettre ; nous avons vu l'homme faire effort pour réaliser la justice. Mais il ne nous a pas été donné encore de contempler la justice et l'harmonie elles-mêmes, dans leur réalisation absolue et éternelle.

C'est ici qu'apparaît le trait le plus significatif de la morale antique. Au-dessus de la vie pratique, au-dessus de l'action, dont la fin est de réaliser l'harmonie dans la vie individuelle, dans la vie de famille, dans la vie politique, dans les relations de l'amitié, les sages grecs placent la contemplation. C'est que l'ordre parfait, dont la nature sublunaire, mélange de pensée et d'une matière pesante, ne peut jamais que s'approcher, se trouve, au contraire, pleinement réalisé dans l'économie du monde céleste. Les astres, faits d'une matière subtile, étaient des dieux pour les Hellènes : ils étaient l'harmonie elle-même, visible et saisissable. Comment se contenter d'une harmonie nécessairement imparfaite, en face de l'harmonie divine! La perfection, pour l'homme, n'était-elle pas de tout subordonner à la contemplation de l'objet où la raison se manifeste dans sa plénitude?

Or, cette contemplation, c'est la science; car c'est la science qui nous donne l'intelligence des lois de l'univers. Le mot loi pour les Grecs avait un sens esthétique que nous pouvons à peine imaginer aujourd'hui. Nos savants l'ont dépoétisé. Les lois ne sont pour nous que les rapports généraux et constants des phénomènes entre eux : pour les Grecs, c'était l'ordre et l'harmonie des choses, les proportions qui leur sont assignées en vue de la beauté du tout, la manifestation de l'intelligence qui se propose une fin excellente et qui choisit les moyens les plus propres à la réaliser.

Aristote a célébré magnifiquement la grandeur de la science, dont la fonction est de nous faire jouir de l'harmonie divine. « Si, dit-il [1], le bonheur est comme l'écho de la vertu dans l'âme, il est naturel que la plus haute vertu engendre le plus parfait bonheur. Or, quelle faculté en nous est plus divine que l'intelligence? Donc la vertu ou action propre de l'intelligence, c'est-à-dire la science, est en même temps la vertu divine par excellence. »

Et il ajoute : « Il ne faut donc pas suivre le conseil de ceux qui veulent que l'on n'ait que des sentiments humains, parce qu'on est homme, et qu'on n'aspire qu'à la destinée d'une créature mortelle, parce qu'on est mortel. Mais nous devons nous appliquer, autant qu'il est en nous, à nous rendre dignes de l'immortalité, et faire tous nos efforts pour conformer notre vie à ce qu'il y a en nous de plus sublime. Car si ce genre de vie ne peut tenir qu'une petite place dans notre existence terrestre, il est, par sa grandeur et sa dignité, au-dessus de tout. »

Telle fut la morale hellénique, sous sa forme la plus pure et la plus parfaite.

IV

Après Aristote, elle se modifie en se développant. Cette dualité de la contemplation et de l'action qu'admet la morale aristotélicienne choque l'esprit systématique de-

1. *Morale à Nicomaque*, l. X.

nouvelles écoles; et, soit dans un sens, soit dans l'autre,
on s'efforce de ramener ces deux choses à une seule.

Avec les triomphes de la Macédoine et de Rome, de
grands empires étaient nés, dans lesquels avaient été en-
globées les cités grecques. Les philosophes stoïciens con-
çurent ces empires comme des agrandissements de la cité,
et rêvèrent de substituer à la cité de Cécrops la cité de
Jupiter, embrassant, avec Dieu, l'univers tout entier. Dès
lors tombèrent à leurs yeux les barrières que l'ancienne
philosophie avait élevées entre le monde de l'action et
le monde de la contemplation. Puisque la terre rejoignait
le ciel, l'harmonie divine pouvait être réalisée sur la terre
même; et la suprême vertu, à la fois science, impeccabi-
lité et béatitude, était à la portée de l'homme. Il n'était
plus réduit à contempler d'en bas la perfection divine. Il
pouvait lui-même devenir dieu. Un stoïcien a même dit
que le sage est plus grand que Jupiter, parce qu'il s'est
acquis, par l'effort de sa volonté, la perfection que Jupiter tient fatalement de sa nature même.

Tandis que les stoïciens étendent ainsi le possible jusqu'à l'idéal, les épicuriens, au contraire, ramènent l'idéal
au possible. Ils ne renoncent pas à l'harmonie et à la raison, car ils sont Grecs; mais ils cherchent dans les manifestations spontanées de la nature elle-même la mesure
de la perfection qu'il est donné à l'homme de réaliser.
Eux aussi, ils organisent la vie humaine d'après une seule
notion; mais cette notion est celle du plaisir. C'est ici l'individu qui se replie sur lui-même, tandis que dans le stoï-
cisme il prétend s'égaler à l'infini.

V

La morale hellénique n'est pas seulement une théorie,
un ensemble d'idées abstraites : elle a été réalisée, elle

a produit de grandes vies, elle a eu ses héros et ses martyrs. Socrate en a vécu, et il est mort pour elle; et nous dirions que sa vie et sa mort sont sublimes, si nous ne les envisagions que du dehors: mais, parce qu'elles ont leur principe dans la raison et la réflexion, sans mélange d'abandon et de passion, nous devons dire qu'elles sont belles, d'une beauté sereine et classique.

Je ne m'étendrai pas, à cet égard, sur le récit de la mort de Socrate par Platon, qui est dans toutes les mémoires; mais je rappellerai la conversation de Socrate avec ses amis dans sa prison, lorsque ceux-ci viennent lui dire que le geôlier est gagné, et que tout est prêt pour la fuite.

« Mes amis, dit Socrate[1], avez-vous oublié qu'il y a un témoin qui nous voit et qui me condamnera si je suis vos conseils, à savoir les lois de notre pays? Ne les entendez-vous pas qui me crient : « Que vas-tu, Socrate, faire? Exé-
« cuter l'entreprise que tu prépares, qu'est-ce autre chose
« que ruiner, autant qu'il est en toi, les lois de la Républi-
« que? Quel sujet de plainte as-tu donc contre nous? N'est-
« ce pas à nous que tu dois la vie? N'est-ce pas grâce aux
« lois relatives au mariage que ton père a épousé celle qui
« t'a mis au monde? N'est-ce pas à nous que tu dois ton
« éducation? N'est-ce pas nous qui avons prescrit à ton père
« de t'élever dans tous les exercices de l'esprit et du corps?
« Mais s'il en est ainsi, penses-tu que tu aies des droits égaux
« aux nôtres, de telle sorte qu'il te soit permis de nous ren-
« dre le traitement que nous t'infligeons? Ce droit, que tu
« ne saurais avoir contre un père, contre un maître, de lui
« rendre le mal pour le mal, injure pour injure, coup pour
« coup, penses-tu l'avoir contre la patrie et contre les lois?
« Quoi! si nous avions résolu de te perdre, estimant que
« cela est juste, tu voudrais nous prévenir et perdre les lois

1. Platon, *Criton.*

« et ta patrie! Appellerais-tu cela justice, toi qui fais profes-
« sion d'être attaché à la vertu? Ta sagesse te laisse-t-elle
« ignorer que la patrie est plus digne de respect et de véné
« ration qu'un père, qu'une mère et que tous les parents en
« semble? qu'il faut honorer sa patrie, lui céder et la ména-
« ger plus qu'un père, lorsqu'elle est irritée? qu'il faut, ou
« la ramener par la persuasion, ou obéir à ses commande-
« ments, et souffrir sans murmurer tout ce qu'elle ordon-
« nera? Si elle veut que tu sois battu de verges et chargé de
« chaines, si elle veut que tu ailles à la guerre et que pour
« elle tu y verses tout ton sang, tu dois partir sans balan-
« cer; car tel est ton devoir. »

Mentionnerai-je, à côté de Socrate, les grands stoïciens
grecs, dont la vie ne fut que la mise en pratique de leur
philosophie? un Zénon, un Cléanthe, qui, après s'être
consacrés tout entiers à la science et y avoir trouvé la félicité, quittent spontanément la vie, parce qu'ils craignent
que l'extrême vieillesse ne porte atteinte à leurs facultés
et ne déshonore en eux la nature humaine ?

J'aime mieux vous transporter dans le monde romain,
où l'on s'intéresse plus à la pratique qu'à la spéculation,
et où les exemples que nous rencontrons sont plus signi-
ficatifs encore. Ici, sans parler de tant de grands citoyens
qui, appuyés sur la philosophie, bravent la tyrannie et
subissent la mort avec constance (tel l'illustre Thraséas,
condamné pour avoir protesté contre le meurtre d'Agrip-
pine, meurt en disant : « Offrons cette libation à Jupiter
libérateur ! »), la morale antique a suscité deux héros
aux deux extrémités de l'échelle sociale : l'un dans l'es-
clavage, Épictète; l'autre sur le trône, Marc-Aurèle.

Dans la philosophie Épictète trouva le secret de l'indépendance et de la liberté morale. « Il t'arrivera, lui dit-on,
de la part de ton maître, ceci ou cela. — Rien, répond-il,
qui ne soit de la condition humaine. » Épictète n'attend
rien de personne. « Il est bien inutile et bien sot, disait-il,

de recevoir d'un autre ce que l'on peut tirer de soi. Quoi! je puis tenir de moi-même la grandeur d'âme et la générosité; et je recevrais de toi des terres, de l'argent, du pouvoir? Aux dieux ne plaise! Je ne méconnaîtrai pas ainsi ce que je possède. »

Cet esclave apprend de la philosophie à se faire roi : l'empereur Marc-Aurèle apprend d'elle à mettre le pouvoir au service de la société. « Prends garde, se répète-t-il constamment à lui-même, de tomber dans les mœurs des Césars : c'est trop la coutume. Ne te teins point de leurs couleurs. Conserve-toi simple, bon, pur, grave, ennemi du faste, ami de la justice et de tes devoirs. Demeure tel que la philosophie a voulu te faire. » Et ces nobles résolutions se traduisent en mesures positives. Marc-Aurèle rétablit le sénat dans une partie de ses anciens droits, assiste aux délibérations, étudie consciencieusement les affaires, se montre plein de déférence pour les décisions de la haute assemblée. Il étend les institutions de bienfaisance. Il rend la justice en philosophe, recherchant surtout l'intention, inclinant à l'indulgence, évitant le plus possible de prononcer la peine de mort. « Les hommes, dit-il, sont faits pour s'entr'aider les uns les autres. Tu trouves les hommes mauvais : instruis-les donc, c'est le meilleur moyen de les corriger. » Il a été conservé quelques-unes des lois rendues par Marc-Aurèle : elles ont pour but de tempérer l'autorité paternelle et maritale, d'adoucir la condition des esclaves et de favoriser l'affranchissement.

Noble conduite, dictée par la philosophie! Et pourtant ce même Marc-Aurèle, qui semblait appelé à réaliser en ce monde la cité de Jupiter, s'est écrié un jour : « Rêves de la philosophie, rêves d'enfant! » Et l'événement n'a que trop confirmé son inquiétude.

VI

À quoi donc a tenu cette impuissance de la sagesse hellénique? Quelles causes de faiblesse se cachaient en elle?

Elle s'était développée dans un milieu très cultivé, au
sein d'un monde de sages, d'heureux, de privilégiés, tels
qu'étaient les hommes libres des cités grecques. Elle ne
pouvait convenir à une multitude, comme celle que l'é-
galité et l'instruction croissantes appelaient à la vie morale dans l'empire romain. Est-ce à la foule qu'on peut
demander de faire prédominer la science sur l'action, l'intelligence réfléchie sur le sentiment et l'instinct? La foule
ne peut pas être savante, et c'est le sentiment, sinon l'instinct, qui la mène. La morale grecque est une morale
aristocratique : c'est donc une morale qui ne convient qu'à
un petit nombre.

Puis, elle ne donnait pas satisfaction à certains sentiments nouveaux, qui envahirent l'âme humaine au temps
de la décadence de Rome. Les peuples, ruinés par les gou-
verneurs romains et en proie aux incursions continuelles
des Barbares, souffrent d'une misère croissante; et, d'autre
part, la société du temps est généralement cultivée, car
les écoles sont prospères à cette époque. Or, c'est une loi
de nature, que la culture intellectuelle, la réflexion, aug-
mente le sentiment de la souffrance : une douleur ana-
lysée est une douleur doublée.

Que pouvait la morale grecque pour alléger ce sentiment
de la misère? Quand Socrate disait : « La nature va au-
devant de nos besoins, car la Providence la dirige, » il
niait la lutte pour l'existence. Combien elle était devenue
inclémente, dure et sans pitié, cette bonne nature! Une
morale qui ne sait pas réconforter les malheureux est une
morale inutile au plus grand nombre.

Ce n'est pas tout. Au sentiment de la misère s'ajouta le sentiment de la faute. C'est encore là un sentiment qu'ignorait la morale hellénique. A vrai dire, elle a contribué à le faire naître, en apprenant à l'homme à se replier sur soi. D'autres causes y ont concouru, et en particulier le sentiment même de la souffrance. Quand le malheur accable l'homme, il est disposé à croire qu'il subit un châtiment; et il éprouve un besoin d'expiation et de réconciliation. Mais ce sont surtout les religions venues d'Orient qui ont développé cette disposition dans l'âme humaine.

Or que disent les Grecs du mal moral? Pour eux, le méchant est un malade; et si Platon veut que le coupable expie son crime, c'est parce que, selon lui, le châtiment redresse l'homme et lui rend la santé. Tout autre est le sentiment de la faute. Le pécheur n'est pas un malade, ni même un ignorant. Il sent en lui un mal secret et mystérieux, qui réside dans sa volonté, et qui peut persister au milieu des conditions physiques et intellectuelles les plus favorables à la vertu. Est-ce la philosophie grecque qui calmera les consciences inquiètes? Le repentir, ce puissant remède, elle a peine à le comprendre : volontiers elle le regarde comme un désordre. Quoi! l'homme s'humilierait, et se complairait dans la tristesse? L'humilité et la tristesse énervent l'âme, selon les Grecs; et la vertu, pour eux, est dans l'énergie, la fierté et la joie. Les scrupules, les luttes intérieures, le tourment d'une perfection indéfinissable, sont l'opposé de l'harmonie et de la sérénité où le Grec place son idéal.

Ainsi la philosophie grecque ne s'abaisse pas jusqu'aux misères physiques et morales dont souffre maintenant l'humanité : elle ne se hausse pas non plus jusqu'aux ambitions nouvelles qui soulèvent les âmes.

Les Grecs, qui sont les hommes de la raison, de l'ordre et de l'harmonie, et qui répugnent au mysticisme, ne sont pas troublés par le sentiment de l'infini : de l'infini, c'est-à-dire d'un idéal que nulle forme ne peut exprimer, d'une bonté, d'une félicité que la nature, avec toutes ses ressources, est à tout jamais incapable de réaliser. Ce sentiment étrange, l'homme, désormais, le trouve au fond de tous ses désirs, de toutes ses tristesses et de toutes ses joies. La morale hellénique ne peut en tenir compte. Au point de vue grec, c'est quelque chose d'absurde que cette inquiétude voulue de l'âme, cet effort pour saisir l'insaisissable.

La philosophie grecque est tombée dignement. « Si le ciel s'écroulait, disait le stoïcien, le sage périrait sans s'émouvoir. » Et, en effet, les sages ont su mourir; mais ils n'ont su que mourir. Et leur sagesse est morte avec eux.

Cependant expirait un autre juste; mais combien sa mort était-elle différente de celle du stoïcien! Il n'avait pas dit : « La douleur n'est qu'une opinion; » il avait dit : « Heureux ceux qui pleurent, car ils seront consolés! »

Il n'avait pas dit : « Les ignorants ne peuvent prétendre à la sagesse; » mais il avait dit : « Heureux les cœurs simples, car ils verront Dieu! »

Il n'avait pas dit : « La faute n'est qu'une ignorance, le repentir est une faiblesse; » il avait dit : « L'homme est un pécheur, mais il a au ciel un père qui pardonne au repentir. »

Et il n'était pas mort sans regarder vers l'avenir; mais sa dernière parole avait été : « Père, je te recommande mon âme. »

De cette bonne nouvelle et de cette mort l'humanité allait vivre.

DEUXIÈME CONFÉRENCE

LA MORALE CHRÉTIENNE OU RELIGIEUSE[1]

Je ne saurais taire qu'en abordant l'exposition de la morale chrétienne mon embarras est extrême. Puis-je formuler sur ce sujet un jugement quelconque sans m'exposer à la contradiction? Aucune autre doctrine n'a reçu autant d'interprétations diverses : il serait insensé d'en présenter une comme incontestable. Et quant à concilier tous ces contraires, ce serait se condamner à ne rien dire que d'insignifiant. Pourtant c'est la vérité vraie, la vérité impersonnelle, que nous cherchons ici. Comment l'atteindre? Puis-je me dépouiller, comme il serait nécessaire, de mes préjugés, de mon caractère, de l'éducation que j'ai reçue, de l'influence du milieu où je vis?

Pourquoi n'ai-je pas eu ces scrupules au moment de vous parler de la morale hellénique? C'est que la morale hellénique est une doctrine arrêtée, un ensemble d'idées claires, précises, un produit de la raison, une œuvre déterminée et achevée. On la pouvait trouver formulée et développée dans tel livre convenablement choisi, la *Morale à Nicomaque*, par exemple.

Quand il s'agit de la morale chrétienne, les conditions sont bien différentes. Ce ne sont pas des philosophes qui ont créé la doctrine chrétienne : elle est un produit de la

1. SOURCES PRINCIPALES : les *Évangiles* ; Saint Paul, *Épîtres aux Romains, aux Corinthiens, aux Galates* ; *Imitation de Jésus-Christ* ; Luther, *Traité de la liberté chrétienne*.

foi et de l'enthousiasme. Elle a d'abord été vécue. Les
formules et les expositions systématiques ne sont ici que
les ombres d'une réalité insaisissable. Nous ne savons
donc où chercher l'expression claire et fidèle du principe
chrétien.

Mais n'y a-t-il pas, dans ce trait même du christianisme,
l'indication de la méthode que nous devons suivre pour
en parler convenablement? Nous nous exposerons à la
contradiction, mais aussi nous ferons fausse route, si nous
parlons de la morale chrétienne comme d'un système défini et achevé; mais peut-être soulèverons-nous moins
d'objections et serons-nous en même temps plus près de
la vérité, si nous remontons à la source même des idées
chrétiennes et si nous cherchons cette source dans ce qui
est par essence indéfinissable, dans un principe de vie,
dans une activité originale et féconde, suscitée au fond
de l'âme humaine.

C'est de la morale chrétienne que je me propose de
vous parler; mais pour en saisir l'esprit, je dois me placer au cœur même du christianisme, car c'est le propre
du christianisme d'être, avant tout, une doctrine morale.

I

L'idée chrétienne est née dans un milieu exclusivement
juif : Jésus n'avait reçu aucune espèce d'éducation hellénique. Elle avait été préparée non seulement par le
caractère religieux du peuple juif, mais par certaines doctrines vraisemblablement anciennes. A côté de la Loi proprement dite, contenue dans le *Pentateuque*, s'était produit
l'enseignement des prophètes, dont l'esprit était fort différent. Tandis que la première prescrit surtout des rites et
des observances matérielles, les seconds tendent à prêcher
une religion spirituelle. Isaïe combat avec énergie le for-

malisme, la fausse dévotion extérieure, laquelle n'exclut nullement la méchanceté et l'oppression du faible. Il insiste sur le caractère essentiellement moral des commandements divins, et travaille à réformer le culte dans ce sens. « Qu'ai-je affaire de cette multitude de victimes que vous m'offrez ? dit le Seigneur. Tout cela m'est à dégoût. Je n'aime point vos holocaustes, ni la graisse de vos troupeaux, ni le sang des veaux, des agneaux et des boucs. Ne m'offrez plus d'inutiles sacrifices : l'encens m'est en abomination. Lavez-vous, purifiez-vous, ôtez de devant mes yeux la malignité de vos pensées ; cessez de faire le mal[1]. » Cet enseignement des prophètes, qui oppose à la piété rituelle et extérieure la piété de l'âme et la pratique morale, annonce celui de Jésus.

Une antique et ardente croyance des Juifs, entretenue et précisée par les prophètes, vint lui conférer sa mission. Depuis des siècles, les Juifs attendaient un roi selon le cœur de l'Éternel, qui devait, après la ruine du royaume du monde, établir le gouvernement du peuple par Dieu même, et dont la venue devait assurer le triomphe définitif de la race juive et du vrai culte dans l'univers.

Mais ce royaume de Dieu devait être tout temporel et terrestre. Il devait consister en la pleine réalisation de la justice et de la paix parmi les hommes, en la restauration du paradis dans la nature entière. Le propre de Jésus fut d'interpréter les prophéties en un sens spirituel et supraterrestre.

Le royaume de Dieu qu'il annonce, c'est le règne de Dieu dans les âmes, celui que tout homme peut, par l'amour, réaliser au dedans de soi. On s'est demandé s'il ne partagea pas tout d'abord, à un degré ou à un autre, l'idée juive du Messie royal. Peu importe. Il est certain qu'il en est venu à concevoir nettement et à annoncer le royaume

1. Isaïe, ch. Ier.

de Dieu purement spirituel. « Le royaume de Dieu ne vient pas de manière à frapper les regards. On ne dira point : « Il est ici, » ou : « Il est là. » Car voici, le royaume de Dieu est au dedans de vous[1]. »

Qu'est-ce à dire? Cette conception du royaume de Dieu procède visiblement d'une conception particulière de Dieu lui-même. Le Dieu des Juifs était avant tout l'Éternel, l'Invisible, l'Insondable, le Saint, l'Immense, le Tout-Puissant. Le Dieu de Jésus est le Père. Dieu peut habiter en nous, si nous tenons à lui comme au père ses enfants. La paternité n'est-elle pas une communication de la vie?

Jésus a conçu Dieu comme père. Voilà le principe de sa doctrine.

II

Et maintenant comment l'homme réalisera-t-il avec le père cette communication, incompréhensible à l'intelligence? Comment établira-t-il en lui ce règne de Dieu, que Jésus annonce? Cherchons la réponse dans l'Évangile.

Un point nous frappe tout d'abord : c'est l'insistance avec laquelle Jésus met en garde ses disciples contre la conception formaliste de la vie religieuse. Ce qu'il condamne par-dessus tout, c'est le pharisaïsme.

Selon M. J. Cohen[2], les vrais pharisiens, très rationalistes, avaient en réalité ramené à deux points essentiels toute la dogmatique religieuse : unité et spiritualité absolue de Dieu; mais des gens qui se paraient du nom populaire de pharisiens attachaient aux œuvres extérieures, aux observances légales, une importance exagérée. C'est à ceux-là, sinon aux Pharisiens proprement dits, c'est à tous ceux qui tuent l'esprit par la lettre, et

1. Saint Luc, XVII, 20-21.
2. Les Pharisiens; Paris, 1877.

du haut de leur dévotion convenue, jugent et méprisent les simples qui ont la piété véritable, c'est à tous ces orgueilleux que s'attaque Jésus. Il les appelle hypocrites et sépulcres blanchis.

« Malheur à vous, scribes et pharisiens hypocrites! parce que vous ressemblez à des sépulcres blanchis, qui paraissent beaux au dehors, et qui, au dedans, sont pleins d'ossements de morts et de toute sorte d'impuretés!

« Malheur à vous, parce que vous payez la dîme de la menthe, de l'aneth et du cumin, et que vous laissez de côté ce qui est le plus important dans la loi : la justice, la miséricorde et la fidélité! »

De telles apostrophes abondent dans les Évangiles; Jésus, la douceur même et la mansuétude, ne s'est montré dur que pour les pharisiens. Il est donc certain qu'il condamne le formalisme. Les pratiques peuvent nous attirer la considération et la faveur du monde, mais elles ne sont rien devant Dieu, si elles n'expriment un sentiment de l'âme. Ce n'est pas par la vertu des actions extérieures toutes seules que l'homme peut entrer en communication avec Dieu.

Qu'est-ce donc qui importe? La pureté du cœur. Il s'agit, non de faire, mais d'être. Il faut être bon; il faut être parfait, comme le Père céleste est parfait. Voilà le premier caractère de l'Évangile : son extrême spiritualité. L'esprit est tout le théâtre de la vie chrétienne.

Cette vie, quelle est-elle?

L'Évangile nous donne sur ce point autre chose que des indications négatives. Il y a un double commandement que Jésus met au-dessus de tous les autres, et qui, selon lui, les résume tous : « Tu aimeras le Seigneur ton Dieu de tout ton cœur, de toute ton âme, de toute ta force et de toute ta pensée; et ton prochain comme toi-même[1]. »

_____

1. Saint Luc, X, 27-28.

Ce ne sont pas là, sans doute, des formules nouvelles : elles se trouvaient déjà dans l'Ancien Testament[1]. Mais la conception du Dieu père leur donne, dans la bouche de Jésus, une tout autre signification. Qu'était Dieu pour les Juifs? L'Éternel, le Tout-Puissant, le Saint, le Juge, le Seigneur : entre ce Dieu et la créature il y avait un abîme infini. Quel scandale pour des gens habitués à tout anéantir devant Dieu, que cette idée d'une relation intime entre Dieu et l'homme, cette doctrine d'un Dieu avec qui la créature entretient un rapport filial!

Là est toute la révolution chrétienne. Dieu n'est plus adoré et craint comme le maître, il est aimé comme le père. Chacun de nous peut se sentir un avec lui; et la vie chrétienne, c'est la communion avec Dieu. Combien les paroles sont froides et mortes pour exprimer le sentiment le plus profond, le plus plein et en même temps le plus spirituel qu'il soit donné à l'âme humaine d'éprouver!

L'amour du prochain prend, lui aussi, une signification nouvelle, par cela seul que nous sommes tous fils de Dieu, que nous sommes réellement frères. Les anciens avaient parlé de fraternité humaine, mais ce n'était là pour eux qu'une métaphore. Ils concluaient de la communauté de nature entre les hommes à une communauté d'origine : pure induction logique. Pour Jésus, la fraternité humaine, c'est, avec la paternité divine, la vérité vivante et initiale. Aimer son prochain, aimer Dieu, c'est remonter à la source d'où l'amour nous a fait sortir.

Aussi, quelle différence entre la tolérance des injures, telle que la professe un sage grec, et le pardon, tel que le pratique un chrétien! Le Grec enseignera qu'il ne convient pas de rendre le mal pour le mal, parce que ce serait une injustice : la bienveillance, l'amour, ne sont pour rien dans cette générosité. Aimer son ennemi? lui vouloir du bien?

---

1. *Deutéronome*, VI, 5; *Lévitique*, XIX, 18.

cela est irrationnel et injuste. C'est pourtant ce que Jésus commande : « Si vous aimez ceux qui vous aiment, quelle récompense méritez-vous? Les païens n'agissent-ils pas de même?... Pour moi je vous dis : « Aimez vos ennemis, « bénissez ceux qui vous maudissent, priez pour ceux qui « vous maltraitent et vous persécutent, afin que vous « soyez les fils de votre père qui est dans les cieux[1]. » Il n'y a, dans ce parti pris de pardon et de mansuétude, ni idée de sacrifice ni indulgence : le dernier des hommes, notre pire ennemi, a droit à notre amour, car il est, comme nous, enfant de Dieu; et nous devons l'aimer en Dieu.

Ainsi la spiritualité de la vie chrétienne n'est pas abstraite et négative : elle est concrète et vivante. Qu'est-ce que la vie intérieure d'un sage grec auprès de celle-ci? Le Grec ne connaît que la nature et ses lois : hors de lui, l'harmonie universelle; en lui, la raison, par laquelle il conçoit cette harmonie. La vie intérieure du stoïcien n'a d'autre aliment que la contemplation de l'ordre de l'univers. S'il veut dépasser, dans sa réflexion, l'esprit asservi à la matière, et pénétrer jusqu'à l'esprit pur et libre, il ne trouve que le néant. De là la mélancolie d'un Marc-Aurèle. Mais que le chrétien se détache des choses et rentre en lui-même, il y trouve une réalité positive et saisissable : il y trouve la vie dans sa plénitude, à savoir l'amour du Père, amour infini et plein de lumière, qui fait la joie de la vie présente et nous est un gage et un avant-goût d'une éternité de bonheur. La vie chrétienne est donc la vie heureuse. Quand on aime, tous les biens de l'âme vous sont donnés par surcroît; et, pour ce qui est de l'existence extérieure, que sont ses vicissitudes aux yeux de celui qui porte l'infini dans son cœur !

Tel est le côté joyeux de la vie chrétienne.

2. Saint Matthieu, V, 44.

Mais elle implique aussi l'affliction, comme on le voit dans l'Évangile lui-même.

Le disciple de Jésus ne débute pas par la joie. C'est par la porte étroite qu'on entre dans le royaume de Dieu. Se détacher des biens de ce monde, se renoncer soi-même : telle est la première condition de la vie chrétienne. Le chrétien doit aimer la pauvreté; car il est plus facile à un chameau de passer par le trou d'une aiguille qu'à un riche d'entrer dans le royaume de Dieu. « Heureux ceux qui pleurent, car ils seront consolés. » Le chrétien recherche les humiliations, car celui qui s'abaisse sera élevé. La vie présente est l'empire de Satan : la nature, hors de nous et en nous, nos membres mêmes, nous sont une occasion de péché. Or nul ne peut servir deux maîtres; entre le royaume de Dieu et le royaume du monde, il faut opter. Jésus a été jusqu'à dire : « Si ton œil droit est pour toi une occasion de chute, arrache-le et jette-le loin de toi[1]. » Le chrétien souffre donc : il recherche même tout ce que les hommes considèrent comme des maux.

Mais ce n'est pas tout, et sa foi lui impose une peine infiniment plus profonde. Les hommes sont des pécheurs, et Jésus est venu pour les sauver. Selon les prédictions des prophètes, il donne sa vie pour leur rançon[2]. Les hommes doivent s'associer à ce sacrifice suprême. De quelle manière? Par la repentance, par cette tristesse d'avoir offensé le Père, auprès de laquelle toutes les souffrances terrestres ne sont rien. Et la repentance que prêche Jésus est un regret actif qui impose à l'homme la tâche d'extirper de son âme la volonté mauvaise. « Si vous ne changez et ne devenez comme des enfants, vous n'entrerez pas dans le royaume des cieux[3]. » « Amendez-vous et croyez à l'Évangile[4]. »

1. Matt. V, 29; XVIII, 9.
2. Isaïe, LIII, 4-12; Marc, X, 45; Luc, XVIII, 31-33.
3. Matt., XVIII, 3.
4. Marc, I, 15.

Voilà ce qu'on peut appeler l'ascétisme chrétien, ascétisme surtout moral, tout plein de l'idée du Dieu père, et fort différent de l'ascétisme grec. Le chrétien se sépare du monde, non par fierté stoïcienne, non pour se suffire et s'affranchir de toute dépendance, mais parce que le monde s'élève entre son père et lui, en le portant au péché, en l'empêchant de réaliser cette pureté intérieure qui, seule peut le rapprocher de Dieu. Mais surtout, l'homme déteste son péché, et c'est la volonté mauvaise qu'il veut crucifier en lui. Son renoncement est essentiellement un détachement du mal et une conversion.

Le renoncement et la pénitence sont, par suite, associés à un sentiment plus doux. L'espérance, après l'amour et le renoncement, tel est le troisième trait de l'esprit chrétien. L'homme sait que par lui-même il ne peut rien, mais il sait aussi qu'il n'est pas seul, et que Dieu même est avec lui. Or, aux yeux du Père, la bonne intention suffit. Il y a certes un abîme entre nos efforts et la sainteté qui nous est commandée : la bonté infinie de Dieu comble cet abîme. Tout homme est appelé à la perfection et à la félicité : il ne lui est demandé que la simplicité et la droiture, la confiance de l'enfant, la pureté du cœur. Et c'est pourquoi les pauvres, les humbles, les déshérités, les païens qui cherchent le Sauveur, les pécheurs mêmes qui pleurent leurs péchés, sont plus près de Dieu que les riches, les fanfarons de vertu et les sages de la terre : car ils sont détachés des biens terrestres, qui mettent obstacle à la purification de l'âme ; ils sont moins exposés à l'orgueil et à l'aveuglement ; ils entendent mieux la parole : « Priez, et il vous sera donné[1]. »

1. Matt., VII, 7.

III

Amour, pénitence, espérance, se peut-il que ce soit là toute la morale chrétienne? Se peut-il que ces trois mots aient suffi à changer la face du monde?

On a beaucoup parlé du miracle de la propagation du christianisme. Jamais ce terme de miracle ne fut mieux à sa place. Il n'y a rien de surprenant à ce qu'une idée se répande dans le monde, lorsque cette idée, conçue en vue de sa réalisation même, est d'avance appropriée aux conditions de la vie réelle, lorsqu'elle a ce qu'on appelle un caractère pratique. Ce qui est étrange, c'est qu'une idée pure, conçue en dehors de toute préoccupation temporelle et pratique, prenne possession du monde réel, entre en lui et s'y incarne. Or telle a été la fortune de l'idée chrétienne.

Non seulement cette idée n'avait pas été imaginée en vue de sa réalisation dans le monde gréco-romain, mais elle avait été conçue en dehors de toute espèce de considération politique et sociale. C'était l'idée d'une vie toute spirituelle et intérieure, sans rapport défini avec la vie extérieure et positive. Quelle prise un tel idéal pouvait-il avoir, je ne dis pas sur quelques individus placés dans des conditions exceptionnelles, mais sur l'humanité militante, aux prises avec les difficultés de l'existence? Pourtant, au contact de la réalité, le principe chrétien, si pur et idéal qu'il fût, ne s'est pas évanoui : descendu du ciel sur la terre, il s'y est établi et y a vécu de la vie temporelle. Dieu s'est fait homme et a habité parmi nous.

Déjà Jésus, pressé par les objections de ses adversaires et même de ses disciples, avait été plus d'une fois amené à se prononcer sur les rapports de sa doctrine avec la vie réelle.

On lui demande : « Que faites-vous de la loi? — La loi, répond-il, je ne suis pas venu l'abolir, mais l'accomplir[1]. » Il n'en maintient pas moins, en toute occasion, que les pratiques ne sont rien, que toute la piété est dans la pureté de cœur. A ceux qui lui disent : « D'où vient que tes disciples ne jeûnent pas? » il répond : « On ne met pas du vin nouveau dans de vieilles outres[2]. » C'est donc l'esprit de la loi qu'il conserve et glorifie, bien plus que la loi elle-même, avec les œuvres qu'elle prescrit.

Encore faut-il vivre, se nourrir et se vêtir? Jésus répond : « Voyez les lis des champs, ils ne travaillent ni ne filent; et cependant je vous dis que Salomon, dans toute sa gloire, n'a jamais été vêtu comme l'un d'eux. Soyez bons et purs, le reste vous sera donné par surcroît. »

Jésus eut une fois à se prononcer sur un point fort grave : le payement de l'impôt. Payer l'impôt, c'était reconnaître l'empereur romain pour maître. Or, disaient certains pharisiens, on ne doit appeler personne maître, sinon Dieu seul. « Rendez à César ce qui est à César, et à Dieu ce qui est à Dieu, » leur dit Jésus. Ce qui signifie : l'impôt concerne la vie extérieure et terrestre; que ce qui se rapporte à cette vie ne vous trouble pas; conformez-vous avec indifférence aux lois qui la régissent; pour vous, cherchez le royaume de Dieu et sa justice!

On le voit, Jésus ne se préoccupe pas sérieusement des conditions de la vie réelle. Qui vit dans le ciel peut-il attendre ou redouter quoi que ce soit de la terre?

Et pourtant il faut de toute nécessité que le christianisme s'adapte à la vie réelle, s'il doit être autre chose qu'un rêve sublime et éphémère, s'il doit lui-même devenir une réalité. Or, la vie réelle comprend le soin de l'existence, du bien-être et de la liberté extérieure, les sciences,

1. Matt., V, 17.
2. Marc, II, 22.

la philosophie, la politique, les arts, les lettres, le culte
religieux, en un mot toutes les manifestations naturelles
et toutes les formes traditionnelles de l'activité humaine.
Tous ces trésors, conquis au prix d'infinis labeurs, et dont
l'ensemble constitue la civilisation, l'humanité peut-elle
consentir à s'en dépouiller? Innombrables et redoutables
se présentèrent les difficultés pratiques : le christianisme
les résolut toutes.

A peine Jésus était-il mort, que l'on se trouva en face
d'un grave problème. Il s'agissait de savoir si la nouvelle
doctrine était destinée aux Juifs seuls, ou si elle devait être
annoncée à tous les hommes sans qu'ils eussent à passer
par le judaïsme. La question était décisive pour l'avenir
de la religion nouvelle.

Jésus est Dieu, répondit saint Paul, et il est mort pour
nous délivrer du péché. C'est méconnaître le prix infini de
son sacrifice que de le juger insuffisant pour nous rache-
ter si l'on n'y joint les œuvres de la loi. Le sacrifice de Jésus abolit les sacrifices et les œuvres. La foi, désormais,
suffit à nous justifier. Tout homme donc est sauvé, s'il
croit au rédempteur : la distinction des Juifs et des païens
n'existe plus. « La loi, comme un maitre, nous a conduits
à Jésus-Christ, afin que nous soyons justifiés par la foi ;
mais, depuis que la foi a parlé, nous ne sommes plus sous
la conduite d'un maitre[1]. »

Cependant les chrétiens vivent dans un monde où l'on
réfléchit, où l'on discute. La doctrine chrétienne va se
heurter aux hérésies. Elle est vague et flottante, il faut la
formuler. A ce besoin répondent les travaux des Pères
apostoliques et la création des dogmes. Les dogmes chrétiens ne sont pas, comme les doctrines helléniques, un
produit de la raison spéculative : ils sortent des croyances
morales et pratiques. La conscience chrétienne se demande

1. Gal., III. 24.

quelles affirmations sont enveloppées dans la foi et dans l'amour dont elle est animée. Le sentiment, l'action intime de la volonté, précède ici la spéculation. Le symbole des Apôtres et le symbole de Nicée ont été conçus dans cet esprit.

Mais dès le second siècle le christianisme se trouve aux prises avec la philosophie grecque. Un tel fonds d'idées, témoignage admirable de la puissance de la raison humaine, ne saurait disparaître. Des théologiens philosophes, saint Justin, saint Clément d'Alexandrie, saint Basile, saint Grégoire de Nazianze, saint Grégoire de Nysse, opèrent un rapprochement entre la doctrine hellénique et la doctrine chrétienne. C'est, disent-ils, le même Logos, le même Verbe, la même Sagesse, qui a parlé aux Grecs et qui s'est manifestée en Jésus. Dès lors la nouvelle doctrine pourra être considérée comme l'achèvement des doctrines helléniques, et les Orientaux pourront embrasser le christianisme sans renoncer à la culture qui leur est chère.

Jusqu'ici le christianisme est resté enfermé dans un monde restreint. Voici venir l'épreuve décisive. C'est lorsqu'il entra en rapport avec le monde romain que le christianisme devait périr, s'il n'avait eu en lui une vitalité infinie. Car c'est une loi, en histoire, qu'une minorité infime ne peut conquérir une société, si celle-ci est cultivée, mais que peu à peu elle s'y perd et y disparaît. Le christianisme, en pénétrant dans l'immense organisme du monde romain, semblait devoir s'y abîmer. C'est le contraire qui arriva. Jamais le christianisme ne fut si puissant qu'après qu'il se fût mesuré, dans l'empire, avec toutes les exigences de la vie réelle sous toutes ses formes, sociale et politique, matérielle et morale.

Il devint au moyen âge le principe commun de la vie temporelle et de la vie spirituelle.

Tandis qu'en Orient il s'adaptait purement et simplement aux traditions, aux caractères des peuples, et se fai-

sait religion nationale, en Occident il lutte pour assurer
au spirituel la suprématie sur le temporel.

En France, en Italie, en Allemagne, l'idée chrétienne se
développe, du IXᵉ au XVᵉ siècle, suivant deux modes, qui
répondent à des tendances différentes : le mode scolastique et le mode mystique.

La scolastique, attachée à l'autorité d'Aristote, qui pour
elle représente la science humaine, travaille à concilier
la doctrine chrétienne avec ce qu'elle sait de la philosophie péripatéticienne. Elle admet une hiérarchie des activités humaines. Elle ne se désintéressera d'aucune manifestation de la vie; mais tout ce qui est de l'ordre humain
sera rangé sous la loi de la religion : hiérarchie spirituelle
dans les âmes, hiérarchie visible dans le monde temporel,
et au sommet le pape, vicaire de Dieu.

Cette doctrine des puissances intermédiaires se retrouve
dans le rôle assigné à l'Église en matière de foi et de conduite morale. Les théologiens nous apparaissent ici comme
appliquant un principe posé par Aristote. Ce philosophe
insistait sur l'insuffisance des lois, quelque parfaites qu'on
les suppose, pour satisfaire à toutes les exigences de la
pratique : appliquer la loi purement et simplement, esti-
mait-il, sans tenir compte des circonstances, c'est s'exposer à prendre le contre-pied de la loi. Pour que la justice
s'accomplisse en effet, il faut que la loi soit interprétée par
des hommes sages et vertueux. L'Église catholique enseigne dans un esprit analogue que la parole écrite comporte
des interprétations diverses et qu'il y faut joindre, avec la
tradition orale, l'autorité d'un représentant légitime de
cette tradition même, si l'on veut que la parole s'adapte,
dans ses applications, aux besoins divers des générations
et des individus.

Il existe au moyen âge une façon différente de concevoir la morale chrétienne. On en parle peu d'ordinaire,
parce que le mysticisme est de sa nature insaisissable, et

que, de plus, les mystiques sont parfois suspects d'hétérodoxie. Ces pieux enthousiastes suivent une direction
qui s'oppose par certains côtés à celle des scolastiques.
Tandis que ceux-ci veulent concilier les intérêts de la vie
temporelle avec les devoirs de la vie religieuse, les mystiques sortent de ce monde, renoncent aux biens temporels, rejettent à l'arrière-plan tout ce qui est forme,
expression visible et par là même imparfaite du sentiment
religieux : dogmes, rites, sacrements. Ils remontent directement à la source même de la vie chrétienne, ils
s'attachent au mot de Jésus : « Dieu est esprit, et veut
être adoré en esprit et en vérité. »

Le mysticisme, au moyen âge, revêtit deux formes : la
forme ascétique et la forme joyeuse. Ces deux formes ne
se contrarient pas l'une l'autre : elles correspondent bien
plutôt aux deux moments successifs de la vie du chrétien.
D'abord l'homme se sépare du monde, il souffre et se
mortifie, pour se préparer à l'union avec Dieu : c'est la
phase ascétique, que beaucoup de mystiques n'ont pas
dépassée. Puis vient la phase mystique proprement dite,
où l'âme, étant parvenue à se replier véritablement sur
elle-même et à trouver Dieu au fond de son être, entre en
partage de la vie divine. Alors elle est inondée de joie ; et,
sa volonté étant identifiée avec celle de Dieu, elle peut
librement faire usage de toutes choses en ce monde, sûre
que d'une volonté sainte ne découleront que des actions
bonnes. Elle a trouvé la vraie liberté, promise par Jésus
au chrétien. « L'esprit de Dieu m'a envoyé, disait Jésus,
pour publier la liberté aux captifs[1]. » « Les amis de l'époux
peuvent-ils s'affliger, pendant que l'époux est avec eux[2] ? »

A la fin du moyen âge, le christianisme traverse une
crise redoutable. L'âme humaine est envahie par un tourment qui l'atteint aux sources mêmes de la vie morale. Elle

1. Luc, IV, 18-19.
2. Matt., IX, 15. Cf. Saint Paul, 2 Cor., III, 19; Rom., VIII, 21.

sent que le péché n'est pas à la surface de son être, dans ses actions, dans ses œuvres, mais qu'il est au fond d'elle-même ; et elle désespère d'être justifiée. Cette fois, le sentiment religieux lui-même est compromis : il cause dans l'âme un trouble si profond qu'on en vient à se demander si la vie chrétienne est possible, s'il ne vaudrait pas mieux s'en tenir à la vie antique, à la vie selon la nature, laquelle, à défaut de sainteté, donne la sérénité.

C'est dans la conscience de Luther que ce tourment atteignit son plus haut degré d'acuité. Jamais les problèmes religieux n'ont autant fait souffrir un homme. Je sens que le péché est mon être et ma substance, pensa Luther, et que sa puissance me sépare à jamais de Dieu. Que faire pour me délivrer du péché? Accumuler les bonnes œuvres? Mais les œuvres ne peuvent changer le fond de l'âme. Le faire n'agit pas sur l'être, le fini sur l'infini, la matière sur l'esprit.

Cet état d'angoisse dura pour Luther jusqu'au jour où il comprit, en méditant sur les paroles de saint Paul, la gratuité de la grâce. Dieu fait grâce au pécheur, non par justice, mais par miséricorde, parce qu'il est le Père ; et cette grâce toute-puissante régénère et sanctifie le pécheur. Peu importe, puisque la grâce est gratuite, qu'en elles-mêmes les œuvres soient mortes. Si je devais par moi-même mériter la grâce, c'est alors que je devrais désespérer, puisque par moi-même je ne puis faire que le mal. Mais Dieu ne vend point sa grâce, il la donne par amour. J'espère donc qu'elle me sera donnée. Je croirai, et je serai sauvé. « Le juste vivra par la foi[1]. »

L'homme étant ainsi régénéré, ses œuvres reprennent une valeur aux yeux de Dieu. Luther ne les tient pas pour méprisables. Aux anabaptistes, mystiques exagérés qui suppriment toute forme et se déclarent prêts à donner

---

1. Saint Paul. *Rom.*, I, 17.

toutes leurs œuvres pour un liard, il répond : « Nous n'avons jamais enseigné que toutes nos bonnes œuvres ne valent qu'un liard. C'est le diable qui dit cela. Mes bonnes œuvres, c'est Dieu qui les fait. Si elles sont des œuvres divines, la terre entière n'est rien auprès d'elles. » La loi et la terreur avant la régénération, la joie et la libre manifestation de la foi après la nouvelle naissance, voilà, selon Luther, le régime de la vie chrétienne.

Ces doctrines furent l'origine du protestantisme, où l'on vit le christianisme, rompant avec l'autorité ecclésiastique, revêtir une forme hautement spiritualiste, s'appuyer sur les seules Écritures interprétées par chaque individu selon sa libre conscience, s'attacher au développement de la piété intérieure, et, d'une manière générale, placer la perfection morale au-dessus de l'orthodoxie dogmatique.

Dans le même temps qu'il s'organisait en plusieurs pays sous la forme protestante, le christianisme devait faire face à l'ennemi même qu'il croyait avoir depuis longtemps vaincu. La Renaissance travaillait à restaurer le naturalisme antique. Elle exaltait, en face de la sainteté chrétienne, une civilisation qui divinisait la nature. C'était un antique adage grec, que tout, dans le monde, est plein de dieux. Mais, s'il en est ainsi, il y a du divin dans toutes les manifestations de la vie naturelle : les sciences, les lettres, les arts, les joies de ce monde, sont en elles-mêmes des choses excellentes, auxquelles il est beau et bon de s'adonner, pourvu qu'on le fasse avec intelligence. Que deviendra le christianisme, en présence de cette apothéose de la nature?

Or, sur ce terrain même, le christianisme a montré sa souplesse et sa puissance d'adaptation. Il ne repousse pas cette civilisation qui se réclame du paganisme antique, il la fait sienne; il s'en revêt comme d'un manteau de gloire. Il aura maintenant une littérature et un art rayonnant de la splendeur classique; des peintres : Botticelli, Raphaël, Léonard de Vinci; des musiciens : Palestrina, Haendel, Bach ; des poètes : Dante, Corneille et Racine, Milton, Klopstock. Il suscitera des orateurs tels que Bossuet, Bourdaloue, Massillon: il animera la philosophie d'un Descartes, d'un Malebranche, d'un Leibnitz et d'un Kant.

IV

Une telle vitalité, une telle faculté de s'adapter sans se renier, ne se peuvent expliquer que par la nature propre du christianisme, qui est essentiellement un principe de vie, et qui plonge, par ses racines, dans le fond même de l'âme et de la volonté.

Peut-on croire qu'il ait pour lui l'éternité? Ses adversaires d'aujourd'hui semblent, à vrai dire, plus redoutables que tous ceux qu'il a affrontés jusqu'à présent.

Nous avons parlé du naturalisme antique, tout poétique, tout pénétré de l'idée de la providence et du divin. Le naturalisme d'aujourd'hui est tout autre: car il écarte comme mystique ce culte de l'intelligence qui, chez les Grecs, ne se séparait pas du culte de la nature. Réduit à ses principes propres, il en vient à faire reposer toute la vie humaine sur l'intérêt, sur l'instinct, sur le désir inné en chaque individu d'être le plus fort dans la lutte pour la vie. Une telle conception est aux antipodes du christianisme, et l'on ne conçoit pas comment il pourrait s'y adapter. Si le réel immédiat est tout l'être, si notre volonté n'a d'autre mobile que l'amour de soi, il n'y a pas de place dans notre vie pour l'idéal de sainteté et de liberté que nous propose le christianisme.

Un autre danger vient des inductions que semble provoquer la science. Celle-ci trouve l'explication d'un nombre croissant de phénomènes dans le jeu de lois toutes mécaniques, où l'intelligence, l'harmonie et la bonté n'ont aucune part. Qu'arrivera-t-il si elle revendique le domaine moral comme le domaine physique, les actions intimes de l'âme comme les mouvements des corps? Ne parviendra-t-elle pas à dissoudre tout ce qu'on appelle esprit et liberté, tout ce que suppose et veut développer le christianisme?

Tels sont les obstacles que rencontre aujourd'hui la morale chrétienne. Le premier n'est sans doute pas le plus considérable. L'homme peut, il est vrai, essayer de vivre par pur instinct, en méprisant tout ce qui ressemble à un idéal. Mais il est probable que bientôt quelque chose en lui protestera contre sa déchéance. Et il n'est pas vraisemblable que la tentative se poursuive longtemps dans une société tout entière; car en l'homme l'intelligence croissante est un sérieux danger, quand elle ne se subordonne pas à l'idée du bien; et une société humaine ne pourrait vivre du simple jeu des lois naturelles qui suffit aux sociétés animales.

Quant à la science, si elle s'érige en métaphysique et en morale, elle est, certes, un adversaire très redoutable. Ainsi entendue, elle promet à l'homme, outre le pain du corps, ce précieux aliment de l'âme qui consiste dans la joie de connaître le réel. Y a-t-il vraiment et peut-il y avoir une morale purement scientifique, capable de donner satisfaction à notre volonté en même temps qu'à notre intelligence? C'est ce qu'il nous reste à examiner.

TROISIÈME CONFÉRENCE

LA MORALE MODERNE OU SCIENTIFIQUE[1]

Dans cette troisième et dernière conférence, je me propose de vous parler de la morale moderne, qu'on peut caractériser par l'expression de morale scientifique, et de vous présenter, pour conclure, quelques considérations pratiques.

J'entends par morale moderne les conceptions de la morale propres aux penseurs modernes. Il va sans dire que les idées helléniques et les idées chrétiennes sont encore en vigueur dans la civilisation actuelle; mais il s'est produit à côté d'elles, à la suite de la Renaissance, des doctrines qui sont plus ou moins étrangères à l'esprit antique comme à l'esprit chrétien : c'est de ces doctrines qu'il est ici question.

I

La science est la principale création des modernes. Née au XVIᵉ et au XVIIᵉ siècle, avec Copernic, Galilée, Képler, Descartes et Newton, elle s'est développée en tout sens au XVIIIᵉ siècle, et pleinement épanouie au XIXᵉ. Elle est aujourd'hui notre parure et notre orgueil; bien plus, c'est

1. SOURCES PRINCIPALES: Kant, *Établissement de la métaphysique des mœurs* (*Grundlegung zur Metaphysik der Sitten*) ; *Critique de la raison pratique*; Stuart Mill, *l'Utilitarianisme* ; H. Spencer, *les Données de la morale* (*The data of Ethics*).

d'elle que nous vivons : elle réagit sur l'esprit qui la crée,
et il semble qu'elle soit en train de le transformer jusque
dans son fond. Qu'est-ce donc que la science? Ou plutôt,
qu'est-ce que cet esprit scientifique qui est devenu un élément essentiel de la pensée moderne?

La science a pour objet la connaissance de la nature.
Certes, l'antiquité et le moyen âge ont étudié la nature ;
mais l'antiquité se proposait d'y retrouver l'ordre et l'harmonie où se complait la raison humaine ; et le moyen
âge, considérant la nature dans ses rapports avec l'être
moral, se demandait surtout comment l'homme doit se
comporter avec elle pour marcher vers ses destinées
éternelles. La science moderne examine la nature en elle-
même et pour elle-même, abstraction faite des tendances
et des désirs de l'âme humaine. Elle voit dans le monde
un mécanisme, inconnaissable dans sa cause première,
mais d'où toute idée de fin, particulièrement de fin morale,
est absente. Le savant part des faits observables, et re-
monte, anneau par anneau, la chaîne des causes naturelles, sans savoir où il va. Il n'a d'avance aucune idée
des conclusions auxquelles son étude peut le conduire :
son état d'esprit est ce qu'on appelle le désintéressement
scientifique.

La science ne s'appliqua d'abord qu'aux êtres inorgani-
ques, corps célestes, minéraux, forces du monde physique
et chimique, où ne se manifestent ni vie, ni pensée, ni
volonté. Puis son domaine s'est étendu. Le rêve de Descartes s'est réalisé, et la science a pris possession des
corps vivants. Puis ce sont les manifestations de la sensibilité, de l'intelligence, de la volonté, qui sont tombées
sous ses prises. La morale ne pouvait faire exception.
Déjà Descartes avait entrevu la possibilité de traiter la
morale comme une science. Avec Spinoza, cette idée se
précise; et depuis, de nombreux philosophes ont tenté de
la mettre à exécution. Aujourd'hui, il semble qu'elle soit

vraiment en voie de réalisation, et que les grandes lignes d'une morale scientifique soient définitivement tracées. Voyons en quoi a consisté ce travail de l'esprit humain et à quels résultats il paraît devoir aboutir.

C'est, à vrai dire, une entreprise étrange et paradoxale que celle de constituer une morale scientifique. La morale ainsi entendue ne devra reposer que sur des faits. La règle fondamentale sera de suivre la nature. C'est la devise même des anciens; mais les anciens envisageaient la nature à un point de vue esthétique, voyant partout en elle l'intelligence et l'harmonie où aspire l'activité humaine. Pour les modernes, il s'agit de faire sortir la morale, c'est-à-dire la détermination de ce qui doit être, d'une réalité dépouillée de toute parenté avec l'intelligence et la volonté.

Ce n'est pas tout. Les sociétés modernes ont, en fait, tout un ensemble d'idées reçues touchant l'idéal où doit tendre l'homme; et ces idées, l'humanité se les est faites dans un esprit tout autre que l'esprit scientifique moderne. La morale traditionnelle, tant hellénique que chrétienne, s'est constituée librement, spontanément. Les sages grecs n'ont pris garde ni à la théologie ni à la science : ils se sont demandé simplement en quoi consiste la suprême beauté, le souverain désirable. Le christianisme a créé son type de perfection morale plus librement encore, en s'affranchissant de toute nécessité extérieure, en ne faisant entrer en ligne de compte aucune des conditions de la vie terrestre.

La science, qui trouve devant elle ces traditions morales, soit helléniques, soit chrétiennes, et qui les voit incorporées en quelque sorte à la nature humaine, ne s'avise pas tout d'abord d'en contester la légitimité; mais elle se propose d'en trouver les fondements dans les lois nécessaires de la nature. Voici dès lors en quoi pour elle consiste le problème : il s'agit d'adapter le rigoureux emploi des méthodes scientifiques à la justification d'idées dont le caractère propre est d'être sorties du libre développement de la conscience humaine. L'accord pourra-t-il se faire? La méthode scientifique pourra-t-elle, ici, être appliquée dans toute sa rigueur? Que si elle l'est véritablement, le résultat satisfera-t-il la conscience morale? Y a-t-il convenance entre une telle méthode et un tel objet? Nous allons en juger par l'événement.

II

Il y a plusieurs sortes de méthodes proprement scientifiques. Considérons d'abord l'emploi de la démonstration mathématique en matière morale.

Les mathématiques et la morale ont cela de commun que ce sont deux sciences du nécessaire; toutes deux posent des principes, qu'elles développent ensuite par le raisonnement. Les mathématiques déterminent les rapports qui se réalisent nécessairement dans la matière : la morale cherche tout ce qui doit être fait par un être intelligent et libre. Dès lors, la méthode mathématique ne pourrait-elle être appliquée à la démonstration des choses morales?

Tel fut le point de vue du philosophe Kant. Il a traité de la morale en géomètre, il a cru qu'on pouvait assurer aux dogmes moraux le genre de certitude des vérités mathématiques. Kant part de ce principe, que l'idée du devoir a pour chacun de nous la même évidence que les axiomes mathématiques. Il est impossible à une conscience qui s'interroge de bonne foi de douter qu'il y ait pour elle un devoir à accomplir. Cette croyance est, si l'on y prend garde, impliquée dans tous nos jugements moraux tels que l'observation nous les fait connaître. Sur ce fondement, Kant édifie toute sa morale. Il établit avec une grande ri-

gueur la réalité de la personne humaine et de sa dignité.
Il montre comment l'homme doit se respecter lui-même
et respecter ses semblables, comment la personne doit
toujours être traitée comme une fin et jamais comme un
moyen, comment la sincérité, l'estime de soi, l'action pour
procurer le bonheur des autres hommes, constituent les
devoirs fondamentaux. Le devoir pour le devoir, l'effort
pour se perfectionner soi-même et contribuer au bonheur
des autres : tel est le résumé de sa doctrine.

La morale, on le voit, n'a rien perdu, chez Kant, à subir
la discipline mathématique. Cet idéal ne le cède en rien,
pour la pureté et l'élévation, à l'idéal chrétien. On ne peut
guère lui reprocher que son excès de rigueur.

Mais si la morale, en ses parties essentielles, reste in-
tacte dans ce système, il n'en est pas de même de la
méthode mathématique. C'est elle qui s'est montrée com-
plaisante : et cette mathématique morale ne ressemble
qu'en apparence à la mathématique proprement dite.

Est-il vrai, par exemple, que l'idée du devoir ait pour
nous la même évidence qu'un principe de géométrie ? Nous
savons trop bien que non. Nous ne pouvons pas affirmer
que le devoir existe, comme nous affirmons que deux
points déterminent une droite. Sous l'influence combinée
des faits d'observation et des exigences de la pensée, les
axiomes mathématiques s'imposent à nous : il n'en est
pas de même des vérités morales, lesquelles dépassent la
réalité donnée, et ne sont pas liées aux nécessités de la
pensée.

De même les choses morales sont, quoi qu'on fasse,
impropres à être enfermées dans des définitions exactes,
pareilles à celles de la géométrie. Elles ne comportent
pas l'évidence et l'exactitude mathématiques. Et peut-être
vaut-il mieux qu'il en soit ainsi : c'est parce qu'il faut un
effort pour croire au devoir qu'il est beau et noble d'y
croire.

Les conclusions pratiques où Kant aboutit par une suite de déductions fort bien conduites n'ont donc pas réellement une valeur mathématique. A vrai dire, les résultats étaient posés d'avance. Le philosophe a démontré ce qu'il voulait démontrer. Le savant, lui, ne sait pas où le mènera la démonstration.

III

On peut dire de tous les philosophes et moralistes qui tirent la règle de notre conduite de nos sentiments naturels, qu'ils suivent, en morale, la méthode des sciences physiques. Ils cherchent dans l'observation de notre nature psychique la loi qui régit, en fait, les actions humaines; et ils érigent cette loi de fait en maxime de conduite.

Quelques-uns d'entre eux ont trouvé dans la sympathie le principe de nos actions : tel Adam Smith.

D'autres voient le caractère primitif de notre nature, non dans la sympathie, mais dans l'égoïsme : tels la Rochefoucauld et Bentham.

Stuart Mill a essayé de concilier les deux grandes doctrines morales de l'intérêt et du devoir, en montrant que celles de nos actions que nous appelons désintéressées, et que nous expliquons par la sympathie ou par l'idée de loi morale, se ramènent, comme les autres, en dernière analyse, à l'intérêt personnel. Sans doute, il me semble que je peux accomplir des actions désintéressées, me dévouer à mes amis et à mon pays, sacrifier mon avantage à mon devoir. Sans doute, nous poursuivons quelquefois l'intérêt général, sans songer à notre intérêt propre. Mais c'est parce que l'expérience a enseigné à l'humanité que cette sorte d'actions assure généralement le bien de l'individu. Être de bonne foi avec ses semblables, servir son pays, se dévouer à une noble cause : autant d'actions qui, primiti-

vement, étaient commandées par l'intérêt personnel, mais
qui, présentement, ont l'air d'être des fins en soi. Il y a
ici une application de la loi de l'habitude. L'idée de certaines actions s'est, avec le temps, si bien soudée à l'idée
du plaisir auquel elles conduisent, qu'elle a fini par en
tenir lieu, et par être prise elle-même pour principe de
conduite. L'homme a oublié la fin primitive et véritable
de ces actions; et c'est le moyen qu'aujourd'hui il prend
pour fin. Ainsi l'avare aime l'argent pour lui-même, sans
se souvenir de sa destination.

La morale utilitaire de Stuart Mill, type accompli de la
morale traitée par la méthode des sciences physiques, ne
présente plus, semble-t-il, cette conformité aux jugements
de la conscience, que nous trouvions chez Kant. Cette morale peut séduire l'intelligence et susciter des livres savants; mais, chose remarquable! nul ne pourrait la pro-
fesser devant une assemblée. Les hommes, réunis, ne se
laisseront jamais dire que le plaisir et l'intérêt personnel
sont la fin suprême et unique de l'activité humaine. La
conscience publique, qu'Aristote, non sans raison, déclare
supérieure à la somme des consciences individuelles, se
révolterait à ce langage. Stuart Mill épuise les ressources
de son ingénieuse dialectique pour faire rentrer dans l'uti-
litarisme la morale de la dignité et du désintéressement:
il n'y réussit pas. Cette fois, c'est la morale qui souffre
de l'emploi de la méthode scientifique.

La méthode suivie est-elle du moins, comme on le croit,
rigoureusement analogue à celle qu'emploient les sciences
physiques? C'est ce qu'il est difficile d'admettre. L'observation scientifique porte sur ce qui est, sur les phénomènes observables et sur les relations données entre ces
phénomènes. Et cette observation se fait par les sens. Le
savant marche ainsi à l'aveugle, poussé par les faits vers
des conclusions qu'il ne prévoit pas. Le moraliste utilitaire, lui, observe au dedans de soi les mouvements de

l'âme. Or les données de l'observation intérieure ne sont ni précises ni primitives. Comment distinguer, dans ces sentiments, ces opinions, ces habitudes, ces phénomènes infiniment complexes que nous trouvons en nous, ce qui appartient proprement à la nature humaine, ce qui est primitif et fondamental, de ce qui est variable, accidentel, dérivé, contingent peut-être et voulu au début par une volonté libre? De plus, l'observation intérieure des principes de nos actions nous fait connaître, non pas précisément des faits, mais des fins. L'objet qu'on nous propose fût-il aussi universellement désiré que le plaisir, c'est toujours une pure idée, conçue comme exerçant sur nous une attraction. Or, nous l'avons dit, la science ne connaît point de fins dans la nature. Elle ne connaît que des causes et des effets purement mécaniques.

Ainsi, dans le système utilitaire, d'une part, la morale a perdu sa grandeur : elle ne peut, sans vice de raisonnement, maintenir les parties élevées du code des mœurs; d'autre part, la méthode scientifique n'a pas été rigoureusement appliquée. Nous ne sommes donc pas encore en possession de la morale scientifique que nous cherchons.

IV

La science, telle que nous la concevons aujourd'hui, se suffit à elle-même; elle n'a pas plus à subir les lois de la morale qu'à tenir compte de celles de la religion. Mais, parmi les sciences, n'en est-il pas une qui contient en elle ce qu'on appelle communément morale?

La science comprend, entre autres objets, l'étude des êtres vivants; et cette étude, appelée biologie, embrasse, en ce qui concerne les animaux supérieurs, à la fois les manifestations physiques et les manifestations morales. Il peut donc y avoir une science morale : ce sera le chapitre de la biologie affecté à la nature morale de l'homme. La morale n'est qu'une branche de l'histoire naturelle.

Cette fois, l'idée d'une morale scientifique est très nettement conçue. On n'ira pas chercher dans les traditions morales, dans les préjugés, des solutions imposées d'avance aux recherches scientifiques ; on n'érigera pas en maximes impératives les données confuses et suspectes de la conscience individuelle : on observera, du dehors, les lois générales du monde et de la vie ; et de ces lois on déduira celles qui, à leur escient ou à leur insu, régissent nécessairement la conduite des hommes. Herbert Spencer et Darwin nous offrent ce dernier type de morale. C'est la morale traitée suivant la méthode des sciences naturelles.

La vie, suivant H. Spencer, est l'adaptation durable d'un individu ou d'un groupe d'individus au milieu où ils se développent. Que peut, sur cette base, être la morale ? Elle ne sera pas, comme le voulaient Bentham ou Stuart Mill, la prescription faite à l'homme de rechercher ce qui lui est utile, directement ou indirectement, selon le sentiment ou les lumières de la conscience individuelle. Outre que la morale de Stuart Mill était encore une morale finaliste et esthétique, sans autorité aux yeux du savant, elle nous proposait un objet contradictoire. Chercher le plaisir en prenant pour guide le sens intime, c'est le moyen de le manquer. Le plaisir est bien la fin que poursuit l'individu : mais l'individu ne peut, par sentiment, connaître ce qui le procure. Ses désirs le trompent neuf fois sur dix. Il faut nous en remettre à la nature, c'est-à-dire à la science, qui en découvre les lois, du soin de nous rendre heureux. Obéissons aux lois universelles, à cette loi d'adaptation au milieu qui est la vie elle-même, et soyons sûrs que, tôt ou tard, le plaisir suivra. C'est trop peu dire, et ce que nous appelons obéissance aux lois de la nature n'est en réalité qu'une métaphore. Nous-mêmes ne sommes autre chose qu'une partie de la nature, et ainsi l'a-

daptation de chaque homme à son milieu et au tout,
l'accord du bonheur individuel et du bonheur universel,
doivent peu à peu se produire fatalement. Telle est la morale de H. Spencer : la science des conditions du bonheur
humain, déduite des lois générales de la vie et des conditions d'existence des êtres que l'on a en vue.

Si remarquable qu'en soit le caractère scientifique, cette
doctrine n'est peut-être pas encore le type parfait de la
morale comme science. Il y subsiste, en effet, quelques
traces de finalité. Cette loi de l'adaptation de l'individu à
son milieu, posée comme absolue et suprême, ne sort pas
directement de l'observation de la nature : elle implique
encore l'idée de l'harmonie, comme fin de l'évolution universelle.

La morale darwiniste est plus rigoureusement scientifique. Darwin, quant à lui, ne s'occupe pas de constituer
une morale. Mais lorsque dans les idées morales on cherche une objection contre son système, il examine ces idées
et il les explique à son point de vue. Il a posé en principe
que la loi générale du monde vivant, c'est l'effort de chaque organisme pour subsister, ainsi que la conservation et
l'accroissement des particularités utiles dans la lutte pour
l'existence. Concurrence vitale et sélection naturelle, telles sont les seules causes d'organisation et de changement
que la nature mette en jeu. Or, dans la lutte pour l'existence, les sentiments moraux ne sont pas sans jouer un
rôle important. La sociabilité, l'amour de la famille, l'a-
mour de la patrie, l'honneur, sont autant de forces spé-
ciales, qui s'ajoutent à nos forces physiques et intellectuelles. Ce qu'on appelle morale ne peut être que l'étude
du facteur moral que l'humanité fait intervenir dans la
lutte pour l'existence.

L'idéal de la morale scientifique est ici bien près d'être
réalisé. Jusque dans le darwinisme pourtant, ne trouve-
t-on pas un dernier souvenir de la finalité? N'est-ce pas

3.

encore une fin, que ce développement individuel et ce
triomphe dans la lutte pour la vie, que Darwin assigne
pour objet à la tendance innée de chaque être vivant?
L'amour de la vie est-il incontestablement cette loi fatale
et universelle que suppose Darwin? Un fait, à tout le
moins, semble prouver le contraire : c'est le dégoût de la
vie et le suicide dont l'homme est capable.

Si le dernier mot de la morale scientifique ne se rencontre pas encore dans le darwinisme proprement dit,
nous le trouvons enfin dans nombre de travaux récents,
où l'évolutionnisme et le darwinisme sont développés dans
un sens scrupuleusement naturaliste. La vraie morale
naturaliste n'est, à la lettre, que l'histoire naturelle de la
moralité, sans aucun mélange d'hypothèse érigée en règle impérative. Les sciences naturelles recherchent les
lois qui régissent la formation et les changements des
divers êtres de la nature. Elles nous font voir, sans aucune
idée préconçue, par quelles phases successives ils ont
passé pour parvenir à leur état actuel. On applique purement et simplement cette méthode de recherche à l'étude
de l'être moral. On montre comment nos sentiments moraux, qui nous apparaissent comme simples et innés, sont,
en réalité, dérivés et complexes ; et, tant par synthèse que
par analyse, on cherche à les relier aux causes mécaniques générales de l'univers.

Dès lors, la méthode est absolument scientifique, et la
morale comme science est véritablement fondée. Mais le
résultat auquel on arrive est évident, et il est proclamé
par le naturalisme lui-même : il n'y a plus de morale.
Déjà mutilée dans les systèmes construits d'après la méthode des sciences physiques, la morale s'évanouit dans
ceux qui la traitent suivant la méthode des sciences naturelles.

Voici, par exemple, la notion de droit : comment sub-
sisterait-elle? L'idée de droit repose sur l'idée de liberté;

et le naturalisme ne peut voir dans la liberté qu'une illusion. La science expliquera historiquement la genèse de l'idée du droit; et le résultat de son explication, ce sera la résolution pure et simple de l'idée du droit dans les conditions d'existence des sociétés humaines.

Et la charité, comment la défendre? Elle est absurde dans un système où la destruction des faibles par les forts est la seule loi sociale que connaisse la nature, et le seul principe de ce que nous appelons le progrès. Pratiquer la bienfaisance, c'est-à-dire s'intéresser aux déshérités, aux infirmes, aux malheureux, travailler à leur faire une place au soleil, c'est, par ignorance et superstition, tenter de contrarier la marche fatale de la nature : œuvre insensée et stérile.

Ainsi le système naturaliste satisfait entièrement aux conditions de la science; mais il anéantit la morale. Cela devait être. De prime abord, on a pu être séduit par l'idée de constituer une morale scientifique ; mais la morale et la science sont orientées en sens inverse. La science étudie ce qui est; la morale, ce qui doit être, ce qui est convenable ou obligatoire. Il est impossible de ramener ceci à cela.

Mais, dira-t-on, si un peu de science ébranle la morale, beaucoup de science la rétablit; car, en étudiant les choses de près, on constate que les idées morales traditionnelles ne sont pas des inventions arbitraires, mais des phénomènes nécessaires, fondés sur la nature des choses.

Je réponds qu'il m'est impossible d'attribuer encore de l'autorité à des idées dont on me montre l'origine dans le mécanisme des forces brutes. Pourquoi les respecterais-je? La nature, dit-on, les a faites? Mais elle a fait bien d'autres choses qui ne sont pas respectables. Ces idées, qui sont censées devoir me guider dans la recherche du plaisir, elles me gênent : pourquoi sacrifier le certain à l'incertain, le clair à l'obscur, le présent à un avenir

qui ne me touche pas? J'écarte donc les lois dérivées
et les moyens indirects, pour ne considérer que la loi fondamentale. Cette loi, me dit la science, c'est la vie pour
la vie. Formule étrange, si l'on veut qu'elle règle ma conduite. Car la vie, si elle n'a d'autre fin qu'elle-même, n'a
plus aucun prix à mes yeux. L'homme qui se tue est justement celui qui croit que sa vie ne peut plus lui servir
qu'à vivre.

CONCLUSION GÉNÉRALE

De cette étude, qui a surtout été historique, il nous faut
voir si nous ne pourrions pas tirer quelques conséquences pratiques.

Les droits de la science sont imprescriptibles : elle est,
de toutes les puissances en face desquelles se trouve la
raison humaine, celle qui s'impose à elle de la façon la
plus irrésistible. Mais si la science ne peut fonder la mo
rale, peut-elle réellement l'abolir?

Le savant est un spectateur, et la science est un miroir
qui nous représente la réalité en raccourci. Or, le spectateur exclut-il l'acteur? Bien au contraire, il l'appelle. La
science n'aurait rien à observer, s'il n'existait une activité
qui produit incessamment des phénomènes. Ne puis-je appliquer ce principe à ma vie morale?

La science, dirai-je, appliquée à l'homme, ne peut m'in-
terdire de me croire quelqu'un et d'agir comme tel, puisqu'elle attend mes actions pour avoir un objet à analyser.
Ne lui demandons pas la règle de nos actes, et ne craignons
pas non plus qu'elle nous défende d'adopter telle ou telle
règle, qu'elle n'aura pas sanctionnée. La science ne peut
rien nous prescrire, pas même de cultiver la science ; mais
nous sommes libres de choisir un principe d'action en dehors d'elle. Notre seule obligation à son égard est de prendre garde que la règle que nous nous traçons ne soit en

contradiction avec ses conditions fondamentales et ses résultats acquis.

Mais cette règle, où la chercherons-nous ? Sera-ce dans la morale hellénique ? Sera-ce dans la morale chrétienne ?

A elles deux, la morale hellénique et la morale chrétienne paraissent embrasser tout l'idéal humain : l'une est la morale de l'intelligence, l'autre est la morale de la volonté. L'harmonie et l'amour, le bien et le devoir, la beauté de la forme et la sublimité de l'esprit, résument tous les objets que i'homme peut rechercher : toutes nos conceptions morales doivent donc rentrer dans la morale chrétienne et dans la morale hellénique.

Mais il est difficile de concilier ces deux doctrines. L'une est dirigée vers la vie présente ou temporelle, l'autre vers la vie future ou éternelle.

La morale hellénique nous propose comme fin cet état où la nature est en harmonie avec l'esprit, sans abdiquer pour cela son essence et sa valeur propres. Le terme de cette sagesse, c'est la sérénité qui résulte du parfait accord de la perfection corporelle avec la perfection intellectuelle. Certes la morale hellénique est idéaliste : élever l'homme au-dessus de l'instinct et de l'animalité est son objet même. Mais ce qu'elle a en vue, c'est la coïncidence de la forme avec l'idée ; c'est l'idée réalisée et la nature idéalisée. Il s'agit pour elle de trouver le point de rencontre de la matière et de l'esprit, d'unir celui-ci à celle-là selon la proportion la plus belle. Rien de trop, pas plus dans l'ordre spirituel que dans l'ordre physique : telle est la maxime grecque.

La morale chrétienne est loin d'être ainsi la morale de la mesure. C'est, bien plutôt, la morale de la folie, la morale de l'amour et du désir infini. Elle veut que nous soyons parfaits comme Dieu lui-même est parfait. Elle commande à l'esprit de se dégager de la matière comme le papillon s'envole de sa chrysalide : car la nature finie ne peut con-

tenir l'esprit infini. Cet idéal transcendant, où la nature
est sacrifiée à l'esprit, est-il conciliable avec l'idéal grec,
qui, en maintenant l'un et l'autre dans de justes limites,
les unit en un mélange harmonieux ?

Il en faut prendre notre parti : nous ne pouvons retrouver ni la sérénité des Grecs ni l'élan joyeux des premiers
chrétiens. La morale est une doctrine chez les anciens,
pour les chrétiens une croyance. Par suite du conflit de
l'hellénisme, du christianisme et de la science, elle est
pour nous un problème. Ne nous en affligeons pas outre
mesure. Elle est un problème : par cela même elle est
un ferment de vie. L'effort que nous faisons incessamment
pour résoudre ce problème trempe l'âme et la fortifie :

> Ce n'est qu'en ces assauts qu'éclate la vertu,
> Et l'on doute d'un cœur qui n'a point combattu.

Faut-il croire, d'ailleurs, que nous soyons réduits à
chercher et à douter ?

Si la question ne paraît pas théoriquement soluble,
peut-être est-il possible, dans la pratique, d'approcher de
plus en plus d'une conciliation. Voyons comment pourrait
être entendu, en ce sens, le rôle de la science, de l'hellénisme et du christianisme.

La science, nous l'avons dit, nous interdit les conceptions morales incompatibles avec les vérités qu'elle suppose ou qu'elle établit. Mais en même temps qu'elle nous
fait connaître la réalité d'une manière de plus en plus
profonde, elle met de plus en plus à notre service les forces de la nature. Il dépend de nous d'en bien user. La
science peut nous fournir les instruments de la moralité.

Cette moralité elle-même pourra s'inspirer du christianisme comme de l'hellénisme, si chacun des deux systèmes
fait à l'autre quelques concessions.

L'hellénisme veut que l'homme spiritualise la nature :
le christianisme n'y peut-il consentir ? Pour dépasser la

nature, est-il nécessaire de l'abolir ? De la morale grecque, nous retiendrons que la nature n'est pas seulement une collection d'atomes soumise à des forces aveugles, mais que, dans tout ce qui est, l'intelligence peut discerner un élément esthétique et idéal. Le Grec nous apprendra à doubler toute réalité d'une idée, à joindre la raison à la force, la réflexion à l'instinct, la joie au travail. Il nous montrera comment on peut trouver belles les plus humbles occupations de la vie humaine.

Des étrangers vinrent un jour visiter l'illustre Héraclite. Ils s'attendaient à le trouver au milieu d'un appareil imposant. Ils le trouvèrent occupé à préparer ses aliments de ses propres mains. Comme ils s'étonnaient de le voir livré à une occupation si basse : « Là aussi, leur dit Héraclite, il y a des dieux. »

C'est ainsi que l'idée grecque sait ennoblir la plus modeste existence : elle fait estimer et aimer la vie. L'esprit d'harmonie se plaît dans notre monde : partout il y trouve matière à se réaliser.

Mais la vie joyeuse et sereine ne suffit plus à ceux qu'a touchés le christianisme. L'homme qui a pris conscience de sa volonté et de sa puissance d'aimer ne veut plus du calme de la sagesse. Surtout il ne peut trouver le bonheur et la paix dans la simple contemplation de l'harmonie visible. Il accueillera donc cette morale de l'intention, de l'esprit, de l'amour et du sacrifice, qui prescrit à l'homme de faire, par sa volonté, ce que la nature, avec ses forces et ses instincts, ne pourrait pas faire, de créer au dedans de soi une nature invisible et supérieure, de tendre, en un mot, vers la perfection indéfinissable que rêve la conscience humaine.

Une telle morale est-elle compatible avec l'hellénisme ? Elle le demeure, semble-t-il, pourvu que, tout en assignant à l'homme une destinée suprasensible, elle admette la vie naturelle et sa légitimité, pourvu qu'elle n'érige pas l'ascétisme en dogme fondamental.

L'homme est un voyageur qui cherche sa patrie. La science se tient à ses côtés, lui offrant, au gré de ses désirs, les diverses puissances de la nature ; mais la science, indifférente à la voie qu'il prendra, ne peut lui servir de guide. Cependant, devant lui, apparaît un génie jeune et beau : c'est le génie de l'harmonie, le génie de la Grèce. Il prend l'homme par la main, et le conduit à travers de belles contrées. Ils arrivent au sommet d'une montagne ; et, autour d'eux, se déroule un tableau merveilleux de grâce et de lumière. Le ciel et la terre se fondent sans qu'on discerne la ligne qui les sépare. « Contemple et sois heureux, » dit le génie. Et le voyageur est tenté de s'écrier : « Ici est ma patrie. » Mais un je ne sais quoi tressaille en lui, une inquiétude s'éveille ; il s'interroge. N'a-t-il pas d'autre destinée que de contempler ainsi les êtres de la nature, du dehors et dans leur ensemble ? Il veut voir de près ce que sont et ce que font tous ces êtres qui, aperçus d'en haut, se fondent dans l'harmonie du tout. Il descend et regarde. Hélas ! ce sont des êtres qui peinent, qui souffrent, qui s'entre-détruisent, qui sont chargés de misères physiques et morales. Il pressent alors pour lui-même une autre destinée : la communion de sentiment, c'est-à-dire de souffrance, avec tous ces misérables. Le monde invisible, le monde des âmes, se révèle à lui. Secourir ses frères, les aimer, travailler pour qu'ils deviennent bons et heureux : n'est-ce point là l'idéal qu'il rêve ? « Tu es belle, ô ma patrie visible, séjour de l'harmonie et de la sérénité. Mais tu as, ô ma patrie invisible, la sublimité du mystère, de l'infini et du divin. Ma destinée n'est-elle pas de tendre à celle-ci, tout en vivant dans celle-là ? »

LE PESSIMISME[1]

Je me propose de vous parler du pessimisme. Je ne
songe pas à vous en faire l'historique, à vous en décrire,
même sommairement, les diverses formes, à vous donner
même un aperçu de ce que serait une étude complète de
la question. Religieux, littéraire, philosophique, moral,
théorique ou pratique, le pessimisme a, dès la plus haute
antiquité, inspiré tant d'ouvrages de toute sorte que ce
serait une tâche considérable d'en analyser et d'en coor-
donner les diverses manifestations. Je crois faire œuvre
plus immédiatement utile, en même temps que plus aisée,
en me demandant quelles sont, parmi les raisons que font
valoir les pessimistes, celles qui, plus que les autres, paraissent de nature à nous toucher, et en recherchant ce
que valent ces raisons. Je m'interroge donc moi-même,
j'observe l'impression que font sur moi les discours des
pessimistes, et je discute les idées qui m'ont frappé, pour
savoir si je dois définitivement les adopter. C'est en ce
sens, c'est-à-dire à un point de vue surtout pratique, actuel
et relatif à nous-mêmes, que je vais chercher ce qu'est le
pessimisme et ce qu'il vaut. Ma conclusion, j'en conviens
d'avance, ne sera pas subtile et originale : ce sera, tout
uniment, la condamnation du pessimisme, déjà prononcée

---

1. SOURCES PRINCIPALES : Schopenhauer, *le Monde comme volonté et
comme représentation*; Leopardi, *Œuvres morales*; Ed. von Hart-
mann, *Philosophie de l'inconscient*.

par le sens commun. Mais une conviction raisonnée a plus de prix qu'une opinion fondée sur le seul instinct : et, en ce siècle d'analyse et de critique, il est utile que les vérités évidentes elles-mêmes produisent leurs titres.

Qu'est-ce que le pessimisme?

Il y a une disposition d'esprit qu'on appelle communément pessimisme et qui n'est pas digne de ce nom : c'est cette humeur chagrine et morose qui fait que l'on voit tout en noir. On a eu un sommeil troublé, on souffre de l'estomac : tout vous est à charge, et l'on trouve le monde mauvais. Mais il n'y a là qu'un accident individuel. Le monde ne saurait être mauvais parce qu'un homme a mal à l'estomac. Ce même homme qui voit tout en noir parce qu'il est indisposé, verra tout en rose lorsque son bien-être physique sera rétabli. Son jugement sur le monde n'est que le reflet de son état organique et n'a aucune valeur. Pour pouvoir se dire pessimiste, il ne suffit pas de trouver le monde mauvais, il faut avoir une raison plausible et communicable de le trouver tel. Le pessimisme n'est pas une humeur individuelle, c'est une théorie.

Suffit-il, maintenant, pour être en possession d'une théorie digne de ce nom, de dire : « Je souffre, donc la vie est un mal, donc le monde est mauvais? » Beaucoup de pessimistes, même illustres, paraissent bien au fond ne pas dire autre chose. Certains critiques soutiennent qu'à cela se réduit l'argumentation de Léopardi.

Mais la constatation du mal, si douloureux qu'il soit, ne peut suffire à fonder le pessimisme. Considérez la souffrance, la misère, la mort même, qui certes jette une ombre sur toutes nos joies : toutes ces dissonances n'ont droit de vous rendre pessimiste que si vous savez qu'elles sont véritablement le fait d'un méchant génie ou d'une fatalité implacable, et que tous les efforts que l'homme fera pour les atténuer doivent se retourner contre lui. « Je souffre, donc le monde est mauvais : » c'est là un fait érigé en principe, c'est la surface et l'état transitoire des choses pris pour le fond et l'essence éternelle.

Le vrai pessimisme est une doctrine, une conception raisonnée de la nature des choses, un ensemble d'idées tendant à démontrer non seulement que le mal tient dans le monde une place considérable, mais qu'il y existe pour lui-même, et doit à tout jamais pénétrer et corrompre au même degré, sinon de plus en plus, toutes les œuvres de la nature et de l'homme. Et pour être ainsi une doctrine abstraite, une philosophie et non un état d'âme, qu'on ne croie pas que le pessimisme est un phénomène négligeable dans la pratique. La manière dont nous accueillons la souffrance dans la vie réelle tient en grande partie à notre conception de l'ensemble des choses. Notre philosophie, voilà ce qui dirige nos pensées d'une façon permanente, voilà ce que nous cherchons à communiquer aux autres hommes. Les idées sont des forces invisibles, mais très réelles et puissantes. Certes, le pessimisme, en tant qu'il suppose de la réflexion et de la science, n'est pas à la portée de tout le monde ; mais précisément parce qu'il est une doctrine subtile et savante, il risque de séduire les esprits sérieux et d'exercer plus d'influence à mesure que les intelligences sont plus cultivées.

En quoi donc consiste cette doctrine? Il est entendu que nous n'en recherchons pas les principes profonds et métaphysiques, et que nous ne l'examinons qu'en un sens pratique. Dès lors, nous nous bornerons à définir le pessimisme : la croyance que le monde est organisé de telle sorte que le mal et la souffrance y sont inévitables et irréductibles, et y tiennent nécessairement plus de place que le bien et le bonheur. Sur quelles raisons peut se fonder une telle croyance?

L'un des arguments qu'on allègue, c'est l'indifférence et l'impassibilité de la nature à l'égard de l'homme. Qu'elle nous soit propice ou funeste, la nature n'en sait rien, et c'est pur hasard si ses phénomènes ont un rapport avec nos pensées. Jadis les Grecs, mus sans doute par le désir de se rendre le monde habitable, l'avaient peuplé de dieux analogues à l'homme. Le ciel, la mer, les vents, toutes les forces de la nature, étaient autant d'êtres pensants et voulants comme nous, que l'on pouvait, par des prières et des sacrifices, toucher, flatter, apaiser, se rendre favorables. Et l'univers, pour eux, n'était point immense comme il l'est pour nous: ils en voyaient les limites, et c'est sans métaphore qu'ils parlaient de la voûte céleste. De ce petit monde, l'homme était le centre; et il se persuadait aisément que cette demeure, dont il embrassait d'un coup d'œil l'ensemble et la belle ordonnance, avait été disposée pour lui. Rêves charmants, poétiques illusions d'un passé qui ne peut renaître. La nature est pour nous sourde et morne; et son immensité, où nous sommes perdus, nous écrase. Nous tâchons de nous dissimuler à nous-mêmes le peu d'intérêt que les choses nous portent : nous nous ménageons dans les villes une nature artificielle, arrangée suivant nos goûts, aimable et caressante. Mais ce n'est plus là la nature. Nous nous pressons dans les endroits à la mode, dans les forêts aménagées pour notre plaisir, sur les plages bordées de riantes villas, et nous célébrons les charmes de ce commerce avec la nature. Là encore nous nous trompons nous-mêmes. Ceux qui, sortant des contrées apprivoisées par l'homme, se trouvent, par exemple, dans les déserts d'Afrique, en présence de la vraie nature, ne peuvent réprimer une impression d'accablement et d'épouvante; ils ne savent plus voir, dans l'infini de

l'espace et l'immobilité, le symbole de l'unité et de l'éternité divines : ils n'y voient que l'expression des forces
brutes qui nous environnent. La mer surtout donne aux
hommes d'aujourd'hui cette impression de toute-puissance
aveugle : et elle a inspiré, en ce sens, les plus saisissantes
descriptions à nos poètes et à nos romanciers.

L'indifférence de la nature pour l'homme, c'est aujour-
d'hui le thème universel. Voyez Victor Hugo, le poète
optimiste et religieux :

> Nature au front serein, comme vous oubliez,
> Et comme vous brisez dans vos métamorphoses
> Les fils mystérieux où nos cœurs sont liés[1] !

Le *Lac* de Lamartine semble au premier abord trahir
moins de désenchantement : « Puisse-t-il, dit le poète,
rester ici quelque chose de nous !

> Que le vent qui gémit, le roseau qui soupire,
> Que les parfums légers de ton air embaumé,
> Que tout ce qu'on entend, l'on voit ou l'on respire,
>   Tout dise : Ils ont aimé ! »

Mais le poète ne sait que trop que ce rêve est irréali-
sable. Sur l'océan des âges on ne saurait jeter l'ancre,
fût-ce pour un seul jour. C'est encore une vanité que
de gémir sur les fatales transformations des choses.
L'homme doit, s'il veut être entouré d'objets qui sympa-
thisent avec lui, détourner ses regards de la nature réelle,
et se construire par l'imagination une nature idéale. C'est
celle-là seule qui pourra garder le souvenir des émotions
dont elle aura été témoin. Tel est le sens du *Lac* ; et ainsi,
des pleurs de Victor Hugo et du sourire de Lamartine,
c'est encore le sourire qui est le plus triste.

Sont-ce là uniquement des impressions de poète, des
fantaisies de littérateur? Nullement, car sous ces impressions se trouve, à n'en pas douter, l'esprit même de la

1. *Tristesse d'Olympio.*

science moderne. C'est elle qui a sans merci dépoétisé la nature en la réduisant à n'être que de la matière et du mouvement. Les anciens y voyaient de l'harmonie, de la beauté, de l'ordre, l'expression de la sagesse et de la providence divines. La science n'y veut plus voir que des forces mécaniques, des atomes qui s'entre-choquent, se rapprochent et se séparent, sans but aucun, sans autre loi que la conservation de l'énergie. Comment attendre d'une collection d'atomes qu'elle tende à se mettre en harmonie avec nos besoins et nos désirs? Le pessimisme moderne n'est que trop fondé; car il est le retentissement dans l'âme humaine de ce principe proclamé par la science : tout dans la nature est, au fond, matière brute et mouvement mécanique.

L'indifférence de la nature à notre bonheur : voilà donc un premier grief des pessimistes contre les choses. Mais, leur répond-on, si cette indifférence est cruelle et fâcheuse, elle ne nous enlève pourtant pas toute joie; car nous vivons, et la vie est un bien.

Erreur, reprend le pessimiste; et les lois générales de la vie constituent une seconde raison, plus grave que la première, de déclarer que le monde est mauvais. Vous dites que la vie est un bien, parce que vous regardez les choses superficiellement; parce qu'aveugle et égoïstes, vous ne considérez que vous, qui en ce moment éprouvez du bien-être, et que vous faites abstraction des autres créatures vivantes; parce que vous ne voyez que les résultats qui vous agréent, sans vous demander à quel prix ils sont obtenus.

La méthode de la nature est la sélection. Cela veut dire que, pour arriver à réussir, tant bien que mal, quelques rares individus, la nature fait, sur des milliers d'autres, *in anima vili*, de meurtrières expériences. Beaucoup d'appelés et peu d'élus, telle est la loi; et la destruction des uns est le moyen même qu'emploie la nature pour sauver les autres. La nature, c'est l'artiste qui, pour un seul tableau, fait cent esquisses, qu'il détruit au fur et à mesure. Pareillement elle s'exerce; mais ses ébauches, qui ne voient le jour que pour disparaître aussitôt, ce sont des êtres vivants et sentants.

Les élus, du moins, sont-ils assurés de vivre? En aucune façon. La nature semble y mettre du raffinement. Ses créations les plus parfaites sont en même temps les plus fragiles: à chaque instant la nature leur rappelle que leur existence est une pure grâce, et qu'elles ne peuvent rien pour la mériter et la conserver. L'homme est le chef-d'œuvre de la nature: mais, comme dit Pascal, une vapeur, une goutte d'eau suffit pour le tuer. Quelle n'est pas la complication de ses organes, et la multiplicité des ennemis qui le menacent? La mort le guette sans relâche; et quand il réfléchit, il a peine à comprendre qu'il réussisse quelque temps à lui échapper.

Pourtant, en ce moment même où je me sens vivre et où j'éprouve du plaisir, ma vie n'est-elle pas un bien pour moi? Oui, si je m'abstiens de méditer, si j'oublie que j'ai une intelligence. Mais si je regarde autour de moi, si je songe à la condition de mes semblables, aux souffrances que suppose mon bien-être, aux larmes dont mes joies sont faites, il m'est impossible de jouir de mes privilèges. Il entre bien de l'égoïsme dans l'idée que tout est pour le mieux, puisque soi-même on ne manque de rien. Et quelque chose de cet égoïsme se retrouve dans tout homme qui vit. La vie, en un sens, c'est l'oubli : oubli de ceux qui ont dû disparaître pour nous faire place, oubli des êtres chers que nous avons perdus et dont nous croyions ne pouvoir nous séparer, oubli de ceux que froisse le régime auquel nous devons notre situation, oubli de ceux qui servent pour que nous soyons libres.

Que si l'on considère en lui-même ce plaisir si chèrement acheté, il est encore incapable de nous satisfaire, car il porte en soi sa négation. Outre qu'il n'est vif et pleinement senti que s'il a été précédé par une souffrance, par un sentiment de privation, il s'émousse par l'habitude et il aboutit à la satiété. Chez les enfants, les larmes ne sont pas loin du rire. Chez l'homme, le rire est mêlé de larmes. « Du fond des plaisirs, dit Lucrèce, jaillit une amertume qui nous serre le cœur parmi les fleurs mêmes. » A peine atteignons-nous le bien que nous poursuivions, que déjà, par cela seul que nous le touchons, il a perdu son prix à nos yeux.

Alléguera-t-on que la vie est un bien, sinon en elle-même, du moins par rapport à la fin que lui assigne la nature? Cette fin, demande le pessimiste, quelle est-elle? quel est le sens de la vie?

On a coutume de dire que, vaine et intelligible pour celui qui ne travaille que pour lui-même, la vie prend un sens très clair pour qui se dévoue, principalement pour qui se consacre à l'œuvre sacrée de l'éducation. Certes, cette tâche est l'une des plus nobles et des plus utiles que nous puissions nous proposer. Résout-elle le problème? Ces enfants à qui je me consacre, quelle mission auront-ils eux-mêmes? Celle d'élever des enfants à leur tour, et ainsi de suite tant qu'il y aura des hommes. Mais qui ne voit que, s'il en est ainsi, le problème est toujours reculé, jamais résolu? Un moyen n'a de valeur que s'il permet d'atteindre la fin. Si ce qu'on prenait pour une fin n'est encore qu'un moyen semblable au premier, il n'y a plus de raison pour poursuivre l'objet proposé. En croyant avancer, on ne bouge de place. Comment, si la vie n'est pas un bien en elle-même, pourrait-elle en devenir un par le seul fait d'être transmise à d'autres et cultivée chez ceux qu'on a fait vivre?

Ainsi, dira le pessimiste, la nature n'est pas seulement insensible : elle est mauvaise, puisqu'elle a créé la vie, qui est un mal.

Est-ce tout? Un refuge nous reste, semble-t-il : la croyance au progrès. Si la nature brute est insensible, ou même mauvaise par certains côtés, le temps ne peut-il pas la modifier et l'améliorer? L'homme, surtout, n'a-t-il pas le pouvoir de plier les forces de la nature à la satisfaction de ses besoins et de ses désirs?

Devant cette objection même le pessimiste ne désarme pas. Il en tire au contraire son troisième et suprême argument : le progrès, dit-il, n'est, en fin de compte, que l'accroissement du mal. Il ne s'agit que de l'examiner sous toutes ses faces : exactement analysé, il apparaît comme plus funeste que bienfaisant.

Le progrès matériel éclate à nos yeux de toutes parts; mais quels en sont finalement les effets? Il permet de satisfaire des besoins qui n'existaient pas, et par là il les crée. Il excite l'homme à trouver que mille choses lui manquent, à souffrir constamment de besoins nouveaux. Il substitue à la nature vraie, qui se contente de peu, une fausse nature, inquiète et insatiable. Nous ne pourrions plus vivre aujourd'hui comme vivaient nos ancêtres. Considérez les châteaux de la Renaissance : ces vastes salles nues, carrelées, impossibles à clore et à chauffer. Les plus humbles parmi nous trouveraient qu'on manque de confort dans ces palais. Et l'homme est ainsi fait que l'on ne sait si c'est le nécessaire ou le superflu qu'il désire avec le plus d'ardeur. Sans doute, cette soif de jouissances, si décevante qu'elle puisse être, a ce bon côté de favoriser la production et le travail. Mais ici apparaît une nouvelle contradiction. Le progrès consiste à faire faire par la nature elle-même l'ouvrage qu'antérieurement les hommes faisaient de leurs mains: l'objet où il tend, c'est une production croissante obtenue avec un nombre décroissant de travailleurs. Or que deviendront ceux que le progrès rend inutiles?

Tel est le progrès matériel, tel est l'accroissement de

i

maux qu'il engendre. Et ce progrès a lieu nécessairement, irrésistiblement, car il n'est que l'application à la vie humaine de la science mathématique et physique, dont les acquisitions s'additionnent sans cesse. En dépit du rôle qu'y paraît jouer la liberté de l'homme, c'est là encore un effet fatal des lois de la nature, et comme la persécution d'un mauvais génie acharné contre nous.

Mais le progrès moral, dirons-nous, ce progrès qui fait l'homme grand, juste et bon, qui l'élève au-dessus de la nature, et qui dépend surtout de nous-mêmes, n'en pouvons-nous donc jouir comme d'un bien sans mélange?

Qui sait, répond le pessimiste, s'il n'est pas la source de nos plus profondes, de nos plus poignantes misères? Le progrès moral, c'est la conception d'un idéal de plus en plus élevé. Mais à mesure que nous concevons une perfection plus haute, nous sommes plus désenchantés de la réalité, plus tristes à la vue de la distance qui sépare ce qui est et ce qui devrait être. L'idée de la justice nous fait souffrir de la manière dont les biens et les maux sont répartis en ce monde. L'idée d'une joie d'essence intellectuelle, vraiment digne d'un homme, nous empêche de nous plaire aux naïfs amusements de la foule. Le sens de la beauté, de l'harmonie, de la grandeur, ne nous fait voir partout que médiocrité, bassesse et dissonance.

Mais nos plus grands maux nous viennent de la délicatesse morale. Cette délicatesse est une sensibilité exquise et comme maladive, qui nous fait souffrir d'une foule de choses dont les autres ne s'avisent même pas. Elle nous fait répudier tout égoisme, penser anxieusement aux autres. Or qui sait si l'égoisme n'est pas en ce monde la plus sûre garantie du contentement de soi-même et des autres? La délicatesse morale fait de nous des Alcestes. Or les Alcestes, qui estiment l'humanité et qui la voudraient bonne, sont partout bafoués au profit des Philintes, qui la méprisent et s'accommodent de ses vices. La délicatesse

morale fait qu'en toutes nos actions nous nous plaçons au
point de vue des autres, et elle nous tourmente sans relâche, même quand nos intentions ont été pures et droites.

Ainsi le progrès moral doit nécessairement nous induire
à nous trouver malheureux et coupables, lors même que
les choses nous seraient propices et que nos actions seraient honnêtes.

C'est par de tels raisonnements que le pessimiste se
persuade, non seulement que la nature ne s'occupe pas
de nous, mais que le jeu fatal de ses lois fait de la vie un
mal et de ce que nous appelons le progrès un accroissement de ce mal. Et il conclut en disant, à propos de toute
action humaine : A quoi bon? A quoi bon agir, puisque
notre intention sera nécessairement déçue; puisque, se-
mant le bien, nous récolterons nécessairement le mal?
Celui-là seul a connu la vraie nature des choses qui a dit :
« Vanité des vanités, tout n'est que vanité. »

II

En face de ce système, restons-nous sans réponse?

Une première réfutation (je dis une première, sans avoir
la prétention d'énumérer et de classer toutes celles que
l'on peut faire), une première réfutation est celle qui se
réclame de la physiologie. Vous soutenez, dit le physiologiste au pessimiste, que pour l'homme la somme des
souffrances l'emporte nécessairement sur la somme des
jouissances. Cette opinion ne repose que sur l'ignorance
où vous êtes des conditions du plaisir et de la douleur;
nous allons vous montrer qu'il dépend de vous d'être
heureux.

En chaque instant donné, notre organisme est capable
de fournir une quantité de force déterminée. Les organes
de la vie végétative puisent à cette source pour leur fonc-

tionnement. Or, supposons qu'une impression survienne :
la réaction qu'elle provoque consomme de la force. Si
cette force est prise sur la quantité indispensable à la vie
végétative, il y a douleur; mais cela n'a pas lieu nécessairement. Notre provision de force peut dépasser les
besoins de notre vie végétative : nous avons alors une
réserve disponible pour la vie de relation. Alimentée par
cette réserve, la vie de relation ne cause pas de douleurs :
elle procure, au contraire, de la joie. L'erreur du pessimiste, c'est de supposer que toute réaction est une souffrance, comme si une réaction s'exerçait nécessairement
aux dépens des forces indispensables à la vie organique.

Avec la cause du mal, ajoute le physiologiste, nous en
connaissons le remède. Il consiste à se procurer, par la
nutrition, une provision de forces aussi grande que possible, et à n'employer pour la vie de relation que les forces laissées disponibles par la vie végétative.

La question du pessimisme se trouverait ainsi réduite
à un problème d'hygiène. S'assurer, pour l'action, un surcroît de forces physiques : là se trouverait tout le secret
du bonheur.

Cette solution est instructive. Nous avons le droit et
le devoir de réaliser de notre mieux, en nous-mêmes
et dans nos semblables, les conditions propices à la vie
et à l'action. Il est certain qu'en réalisant ces conditions
nous diminuerons en ce monde la part du mal. Nous devons donc recueillir et mettre en pratique les enseignements qui nous montrent comment nous pourrons écarter
de nous la souffrance physique si souvent liée à l'effort.

Mais si cette réponse présente une utilité pratique, elle
est, d'autre part, incomplète, et ne peut nous suffire. Cette
réponse est une fin de non-recevoir. On laisse de côté les
causes morales qui agissent sur l'imagination de l'homme
et les raisons qui frappent son intelligence, pour ne considérer que son état physique. Dans tout cet ensemble

d'idées et de raisonnements que nous avons décrit, on ne veut voir que le reflet, l'expression, le symptôme d'un désordre physiologique. Est-il donc vrai qu'il suffise d'être bien portant pour être optimiste, et que tout homme qui souffre soit nécessairement pessimiste?

Nos pensées ne sont pas liées à ce point à l'état de nos organes. Nous pouvons éprouver du bien-être, et néanmoins être pessimistes, comme nous pouvons être privés de beaucoup de choses nécessaires et demeurer optimistes. Certains estiment qu'il suffit de considérer l'humeur qu'un homme fait paraître dans sa conduite pour connaître si son pessimisme est sincère : ils se trompent. Un homme gai peut croire très sérieusement que les lois de la nature sont en elles-mêmes contraires au bien des hommes, et que son propre bien-être n'est qu'un heureux et passager hasard. Et pourquoi voulez-vous que, content lui-même, il croie tout le monde dans la joie? La morale que vous lui attribuez ne rappellerait-elle pas celle de Sganarelle disant : « Quand j'ai bien bu et bien mangé, je veux que tout le monde soit soûl dans ma maison? »

On ne saurait d'ailleurs alléguer que, coexistant avec la santé et le bien-être physique, le pessimisme n'est plus qu'une fantaisie de dilettante, sans conséquences pratiques. D'abord la santé, l'humeur gaie elle-même, ne suffisent pas à un homme qui pense : il aspire à la joie de l'âme, et cette joie lui manque, tant qu'il lui semble que le monde est mal fait. Ensuite, les idées ont un contrecoup sur les sentiments et les sensations : tout se passe du moins comme s'il en était ainsi. La propagation des idées pessimistes doit donc, tôt ou tard, influer sur l'humeur et sur la santé elle-même, surtout si ces idées rencontrent, dans certaines conditions sociales ou physiques, un terrain favorable à leur développement et à leur fructification.

Pour combattre le pessimisme avec succès, il faut re-

4.

monter à ses causes. Beaucoup estiment que la cause principale est l'affaiblissement des croyances. Pour celui, dit-on, qui croit à la Providence, à une protection paternelle en ce monde et à une juste rémunération dans l'autre, ou même pour celui qui a la religion de l'action et qui est convaincu que les efforts des hommes seront récompensés tôt ou tard, pour celui-là, dit-on, les misères de la vie perdent leur acuité. C'est en vidant le ciel au profit de la terre qu'on a rendu celle-ci inhabitable. C'est en refusant l'aide de Dieu qu'on s'est rendu incapable de s'aider soi-même.

Il y a, en effet, qui pourrait le nier? des croyances bienfaisantes, capables de soutenir et de réconforter dans le malheur. Il y a une foi salutaire, qui nous rend une raison de vivre, quand le monde semble nous les retirer toutes. De telles croyances doivent être respectées et entretenues: car si l'on aime l'humanité, on doit attribuer du prix à ce qui allège ses maux. Peut-on dire cependant que là réside le remède souverain contre le pessimisme?

Il est relativement facile de conserver, sous certaines conditions, des croyances enracinées dans l'esprit, il l'est moins de restaurer des croyances détruites. L'utilité surtout est ici un titre insuffisant. Une intelligence respectueuse de la vérité ne peut adopter une idée d'après la seule considération de l'intérêt, en faisant abstraction du rapport de cette idée à la réalité? Pour que la croyance s'impose effectivement à moi et lève les scrupules de mon esprit, il faut qu'on me montre en elle une connaissance véritable, justifiée indépendamment du profit que j'en puis tirer.

Au surplus, ce n'est point là peut-être la principale objection que soulève cette manière de voir. Il est possible, en somme, de créer des croyances artificiellement, et l'esprit est plus malléable qu'on ne le suppose. Mais il s'agit de savoir si l'on fera bien d'user de cette puissance.

Quel empire on peut, par des moyens appropriés, exercer sur la conscience d'autrui, c'est ce que l'expérience nous montre chaque jour.

Prenez l'homme à l'état d'enfant, enveloppez-le d'une atmosphère déterminée; ne lui laissez entre les mains que certains livres; ne lui présentez les choses que sous un certain jour. Donnez-lui telles habitudes physiques et morales; faites-le d'ailleurs réfléchir et raisonner, afin que ses connaissances et ses habitudes se traduisent en principes et en convictions : vous aurez ainsi modelé une conscience, vous lui aurez inculqué des idées qui feront corps avec elle et ne s'en pourront détacher.

Cette puissance est réelle, et nous en disposons. Mais elle a quelque chose d'effrayant, et il me semble qu'on doit se faire scrupule d'en user. On parle beaucoup aujourd'hui de suggestion; le mode d'influence dont il s'agit est une véritable suggestion, et une suggestion exercée sur un individu qui était sain de corps et d'esprit : une telle pratique est-elle irréprochable au point de vue moral? Oui, l'on peut à son gré, comme sur une table rase, imprimer dans l'âme des caractères presque ineffaçables : mais quelle lourde responsabilité !

Vous connaissez les théories, à coup sûr paradoxales, du comte Tolstoï. Ce noble éducateur est effrayé à la pensée d'élever un enfant. Enseigner à cet être sans défense nos idées, nos principes, nos sciences, suivant des méthodes et dans un esprit que nous déterminons nous-mêmes, n'est-ce pas entreprendre sur la liberté de l'enfant, risquer d'étouffer sa nature sous nos conventions, substituer enfin notre personnalité à la sienne? Pour oser une œuvre de si grave conséquence, quels sont nos titres? Et Tolstoï se prend à douter de l'existence du droit d'éducation; et il conclut en demandant que le régime de l'école soit l'ordre libre et le libre mouvement des esprits vers l'instruction.

Sans doute, Tolstoï pousse le scrupule trop loin, car la personnalité même de l'enfant ne se réalise que si on la cultive; mais on a eu tort de railler son idée, qui est très élevée. Tolstoï a bien vu qu'une personne humaine est quelque chose de sacré, et que l'éducateur doit se borner à favoriser le développement normal de l'âme de l'enfant, sans jamais songer à faire de lui son œuvre et sa chose. Placés à ce point de vue, nous nous refuserons à suggérer des croyances aux enfants que nous élevons, ainsi que nous en aurions la faculté.

Bien que notre pouvoir soit plus restreint vis-à-vis de l'homme fait, il existe encore; mais l'honnêteté veut de même que nous nous interdisions d'en faire usage. D'ailleurs, que vaudraient des croyances inculquées du dehors? Seraient-elles véritablement rédemptrices et salutaires? Il est possible qu'elles réussissent à calmer le besoin de certitude de l'âme et à l'endormir dans l'insouciance ou le dédain; mais la feront-elles forte et bonne? Imposer des croyances aux autres, c'est une œuvre non seulement illégitime, mais peut-être moins efficace qu'on ne le suppose.

Enfin, jusque sur soi-même il semble qu'on puisse agir de telle sorte que l'on se donne volontairement telle ou telle croyance. On peut, par des pratiques appropriées, se mettre dans une voie aboutissant à l'état d'âme que l'on a en vue. De la volonté, grâce aux lois de l'habitude, la croyance s'insinue peu à peu dans l'intelligence et dans le cœur.

Mais une âme droite, sincère et qui sait le prix de la vérité, voudra-t-elle ainsi se donner des croyances de parti pris, sans se demander si elles sont fondées en raison? Songeons que l'homme qui fait une telle entreprise commence par se mentir à soi-même, et qu'ensuite il s'excite à croire à son mensonge, à oublier qu'il en est l'auteur. Or, avons-nous le droit de traiter ainsi notre intelligence? Ne devons-nous pas la respecter, aussi bien

que l'intelligence de nos semblables? et ce respect lui-
même n'est-il pas une condition de notre dignité et de
notre valeur morale? Si nous devions opter entre le repos sans la pensée et la pensée sans le repos, qui prouve
que ce n'est pas cette dernière qu'il faudrait choisir?

Ainsi, ni l'hygiène prescrite par les médecins du corps,
ni les croyances prescrites par les médecins de l'âme, ne
sont des remèdes suffisants contre le pessimisme. C'est que
ni les premiers ni les seconds n'ont condescendu à examiner les raisons sur lesquelles se fonde cette doctrine. Ces
raisons, nous les avons exposées en essayant de leur donner toute leur force. Voyons maintenant ce qu'elles valent.

Il n'est pas impossible, semble-t-il, de les ramener à
l'unité. Au fond, le pessimisme tient à une certaine conception de la nature et de l'homme.

Il considère la nature comme composée de forces aveugles, qui agissent sans but, d'une manière purement mécanique. Tout être de la nature tend, d'après cette idée, à
occuper le plus de place possible, sans qu'aucune puissance supérieure et sage lui assigne de limites en vue de
l'existence et du développement des autres êtres. Nulle
autre borne pour l'action d'une force, que l'action des
autres forces existant dans le monde.

Analogue est la conception de la nature humaine. Cette
nature est placée par le pessimiste dans une volonté sans
règle et sans bornes, qui n'aspire qu'à se réaliser le plus
possible, c'est-à-dire à s'étendre à l'infini, à jouir de tout
ce qui peut tomber sous ses prises.

Parce qu'il ne voit dans la nature d'autre dieu que la
force, le pessimiste la déclare indifférente et même hostile
au bonheur de l'homme.

Parce qu'il fait de la seule volonté le fond de la nature
humaine, le pessimiste juge l'homme irrémissiblement
condamné à souffrir; et il a raison à son point de vue.
Voici une volonté qui, se jugeant souveraine et indépen-

dante, prétend réaliser sa souveraineté, c'est-à-dire posséder l'infini. Tout ce que le monde lui offre est fini : elle
s'en dégoûte donc au moment même où elle s'en empare.
Au fond, elle ne sait ce qu'elle veut, car l'infini, en ce
monde, ne peut lui être donné ; elle n'est, en réalité, que le
désir d'autre chose, le besoin de ce qu'elle n'a pas, la soif
de l'impossible. Dans ces conditions, il ne se peut pas
qu'elle soit satisfaite ; ses victoires mêmes ne peuvent jamais être que des déceptions.

Que faut-il penser de cette idée maitresse du pessimisme ?
Reconnaissons qu'elle n'est pas sans valeur. Qui n'a senti
en lui-même ce besoin de changement, cette incapacité où
nous sommes d'être satisfaits du présent ? Les choses les
plus ardemment désirées ne perdent-elles pas de leur
prix dès que nous les possédons ? Le pays mystérieux qui,
de loin, nous promettait des merveilles, n'est-il pas pareil aux autres, quand une fois nous le voyons de près ?
Et encore, qui peut affirmer, contre le pessimiste, que les
forces de la nature sont intelligentes ou dirigées par une
intelligence, qu'elles tendent à réaliser un ordre esthétique et moral ? La science moderne ne repose-t-elle pas
sur l'idée du mécanisme et de la causalité physique, comme
lois fondamentales de la nature ?

est vrai : mais est-ce bien là tout l'homme, et est-ce
bien là toute la nature ? Certes, nous constatons en nous
un besoin infini de changement ; mais n'y a-t-il que cela ?
Dire que l'homme est une volonté, et rien autre chose,
c'est dire qu'il ne reconnait au-dessus de lui aucune règle,
aucune autorité, aucun devoir. Or, en conscience, sommes-
nous sûrs que nous soyons ainsi nos maitres, que nous
ayons le droit de faire de notre volonté un usage quelconque, et que nous n'ayons d'autre destinée au monde que
de nous affirmer, selon un barbarisme moderne, né apparemment de cette prétention même ? A propos de la doctrine du devoir, quelques-uns ont dit : « Qu'en savent-ils ? »

Mais n'est-ce pas surtout de ceux qui, niant le devoir, font l'homme indépendant et irresponsable, qu'il convient de dire : « Qu'en savent-ils ? » En fait, la science proprement dite ne nous enseigne rien qui contredise la notion du devoir; et cette notion se maintient dans l'âme humaine, en dépit des réfutations habiles et des apologies souvent maladroites.

Il est plus difficile de soumettre à l'examen l'idée que se fait le pessimiste du caractère des forces naturelles. Nous ne pouvons pénétrer dans l'intérieur des choses et en saisir l'essence. Nous ne les connaissons que du dehors. Et, à les regarder sans idée préconçue, nous nous demandons certes de plus en plus si ce qu'elles présentent d'ordre et d'harmonie n'est pas comme négligeable en comparaison de ce qu'elles offrent d'incohérent et de mal venu; si cet ordre et cette harmonie eux-mêmes ne sont pas explicables par le seul jeu des forces mécaniques.

Et pourtant, comment se persuader que la nature ne soit que matière et mouvement sans but? L'homme, à ce compte, n'apparaît-il pas dans l'univers comme un être extraordinaire et surnaturel? Ne serait-il pas, en tant qu'homme, isolé dans un tel monde, sans aucun lien, sans aucune parenté avec les autres êtres? Si l'on en croit la doctrine de l'évolution, en si grand crédit aujourd'hui, l'homme est sorti des espèces inférieures, il est le dernier produit d'un développement entièrement naturel. Mais s'il en est ainsi, il ne doit rien y avoir dans l'homme qui soit entièrement étranger à la nature. Dès lors, pourquoi les forces naturelles ne seraient-elles pas gouvernées par quelque chose d'analogue à la règle qui dirige notre volonté? En fait, ces forces ont produit, dans le progrès des êtres depuis l'atome jusqu'à l'homme, une œuvre merveilleuse. Si l'intelligence n'a pas contribué à la création des êtres de la manière par trop simple que l'on admet d'ordinaire, qui peut affirmer qu'elle n'y ait pas contribué du tout?

Or, si l'on reconnaît qu'il y a une règle pour notre volonté, et peut-être aussi une direction idéale pour les choses, le pessimisme n'a plus de raison d'être. En un tel monde notre effort n'est plus vain, nos bonnes actions ne sont plus illusoires. Chaque fois que j'ai observé la règle, j'ai fait quelque chose d'absolument bon, et je puis être satisfait. En même temps que j'ai agi dans le sens de ma destinée, je me suis mis, selon toute vraisemblance, en accord avec les choses elles-mêmes.

Tout ce que nous avons dit, au point de vue pessimiste, de l'inanité de la vie et du progrès, perd sa force au contact de l'idée du devoir. Le progrès moral nous apparaît maintenant comme possible, sans être pour cela fatal : il dépend de nous de soumettre notre volonté au devoir ou de la déclarer indépendante; et le progrès matériel, qui peut engendrer des conséquences si redoutables, est susceptible d'être borné à ses effets bienfaisants et salutaires, si notre volonté intervient pour le régler et le diriger d'après les idées morales. De même, la vie, de ce point de vue, prend un sens et une valeur certaine. C'est quand on veut vivre pour vivre, purement et simplement, que l'on finit par trouver que la vie n'a pas de sens. Mais quand on consent à chercher pour la vie une fin en dehors d'elle, et quand on place cette fin dans l'accomplissement du devoir, on conserve toujours une raison de vivre, car le devoir est toujours là.

Que dire enfin de la nature? Fût-elle réellement inerte, indifférente, composée uniquement de forces aveugles, il n'en serait pas moins possible de travailler au bien de l'humanité. La nature serait comme une immense machine dont il s'agirait de détourner la force au profit du bien moral. Mais qui sait si l'apparition de l'homme n'a pas comme réalisé le vœu de la nature, et si les êtres qui nous entourent ne sont pas les ébauches de l'œuvre qui s'est si merveilleusement accomplie en nous? Nous ne savons pas,

au fond, si les choses n'ont pas avec nous une ressem-
blance, si elles ne tendent pas, elles aussi, vers les fins
que nous dicte notre raison. Tout n'est donc pas évanoui,
de ce beau monde antique où il faisait bon vivre. La lutte,
la destruction, un peu de bien acheté par beaucoup de
maux, c'est, hélas! le fait que nous avons sous les yeux.
Mais sous cette triste réalité il y a peut-être une tendance
meilleure, et une tendance appelée à se faire jour de plus
en plus. Nous ne faisons pas seulement œuvre de poète et
d'artiste, en considérant les choses par leur bon côté, en
nous ingéniant à trouver en chacune d'elles quelque trace
de beauté et de bonté : nous jugeons, en cela, la nature
d'après ce qu'elle veut sans doute effectivement. Et cette
pensée que l'idéal n'est pas un vain mot, qu'il est actif et
qu'il pénètre secrètement les parties les plus matérielles
de l'univers, nous réconcilie définitivement avec les choses
et nous fait travailler à notre tâche, non seulement avec
soumission, mais avec confiance et avec joie.

Est-ce à dire maintenant que nous allons nous établir
dans le temple serein d'un optimisme tranquille et satisfait, pour qui le mal n'est rien que l'ombre qui fait ressortir la lumière? Il ne faut pas, à ce point, faire fi du pessimisme. Il faut considérer, au contraire, que le mal n'est
que trop réel, et que c'est égoïsme, ou lâcheté, ou bassesse, de le nier ou d'en prendre son parti. Le mal résulte,
dans la nature et dans l'homme, de l'action de forces
contraires au bien. C'est donc par la lutte, et non par
l'abandon pur et simple au jeu des lois naturelles, que
nous pouvons espérer de le réduire. La croyance réfléchie
au bien est notre raison d'engager la lutte et notre sou-
tien dans les épreuves. Voyant le mal et voulant le bien,
nous nous consacrerons au soulagement des misères humaines, avec sympathie, avec religion, sans dureté et
sans morgue, comme sans tristesse et sans amertume.
Notre optimisme sera donc avant tout la croyance qu'il

est beau et qu'il n'est pas vain de lutter contre les maux qui nous assiègent.

En résumé, le pessimisme est vaincu chez un homme qui croit au devoir. De cette croyance découlent des idées et des sentiments qui mettent l'âme hors de son atteinte. Mais cette conclusion même nous montre ce qu'a de particulier le problème dont il s'agit. Nous n'en trouverons pas la solution dans l'expérience, dans la philosophie, dans les données de la science. Ce problème n'est pas semblable à ceux que la science étudie. Sans doute, il nous est imposé par la nature des choses; mais la solution ne nous sera pas donnée du dehors : elle ne peut venir que de nous.

LES MOBILES DE L'ÉTUDE

Je me propose de rechercher quels sont les mobiles auxquels il convient de donner la préférence quand on exhorte la jeunesse à l'étude, quels sont, pour l'écolier, les meilleurs ressorts du travail intellectuel. Je dois confesser que je ne vous apporte sur ce sujet rien de nouveau, rien de personnel. Était-ce une raison de ne le pas traiter? Je ne le pense pas.

Il s'agit ici d'une question pratique, aussi ancienne que la culture humaine. Or, en pareille matière, on doit se défier de l'originalité, plutôt que des idées communes. Ce n'est pas nécessairement une marque d'erreur que de penser comme les autres. Vous connaissez le mot de Pascal sur les vérités morales: « On leur donne le nom de grandes, hautes, élevées, sublimes. Cela perd tout. Je voudrais les nommer basses, communes, familières. »

D'autre part, la simplicité de ces vérités n'empêche pas qu'il ne soit souvent utile de se les remettre en mémoire. Dans le domaine de l'action, savoir n'est rien, appliquer est tout. Or, pour qu'une connaissance se transforme en acte, il faut qu'elle dépasse la sphère de la mémoire et qu'elle s'incorpore à notre volonté. Le moyen d'obtenir ce résultat, c'est de ne point laisser notre attention se détourner des vérités pratiques, comme de choses con-

nues et banales, mais de tenir ces vérités constamment
présentes devant notre esprit, de les considérer sous des
faces diverses, d'évoquer toutes les raisons, tous les exemples qui sont de nature à leur donner plus de valeur,
plus de force et plus de vie. Il faut, disait Leibnitz, nous
garder de répéter de bouche les maximes morales comme
des perroquets, sans éprouver au dedans de nous un désir
sérieux de les mettre en pratique. Et contre ce qu'il ap-
pelait le psittacisme, il recommandait l'observation de ce
précepte : « Penses-y bien et souviens-toi. »

Cherchons dans cet esprit quelle réponse il convient de
donner à la question : « Pourquoi étudions-nous ? »

Il y a un motif supérieur qui doit dominer tous nos actes, et notre vie intellectuelle comme notre vie morale :
c'est l'idée du devoir. Mais il ne nous est pas défendu, il
est aussi légitime qu'efficace de chercher dans les dispo-
sitions et les tendances de l'homme un point d'appui pour
la pratique du devoir. Le devoir, en effet, n'est pas contraire à notre nature : il nous commande seulement, avant
de laisser agir nos énergies naturelles, de discerner et
choisir les meilleures.

Ce sont, à propos de l'étude et du travail intellectuel,
ces principes d'action, distincts du devoir, mais suscepti-
bles d'en favoriser l'accomplissement, que nous nous proposons de déterminer et d'analyser.

I

Les mobiles les plus apparents, ceux auxquels peut-être
on fait le plus souvent appel dans les exhortations au travail, sont l'émulation, l'amour de la louange et l'utilité.
Et ce sont là incontestablement des mobiles d'une grande
valeur.

En vain condamnerait-on l'émulation, et, après lui avoir

parfois trop accordé, voudrait-on la proscrire de l'œuvre éducatrice. Elle a été en honneur de toute antiquité. Chez les Grecs, tout était objet de concours : les exercices physiques, les arts, la poésie. Les vainqueurs des jeux Olympiques étaient chantés par un Pindare, et leurs noms étaient gravés en lettres d'or sur des tables de marbre. C'est à l'ambition d'obtenir le premier prix que le monde doit les œuvres immortelles d'Eschyle, de Sophocle et d'Euripide. Ouvrez Quintilien : il fait à l'émulation la plus large part. Elle enflamme l'esprit, dit-il ; elle inspire souvent plus d'ardeur pour l'étude que les exhortations des maîtres, la surveillance des pédagogues et les vœux des parents. Outre son efficacité de tout temps reconnue, l'émulation a un caractère qui lui assigne une singulière valeur. Elle représente, dans l'école, la vie réelle : car la vie est essentiellement lutte, rivalité, concours. Or il faut le plus tôt possible initier les enfants aux conditions de la réalité.

Ainsi que l'émulation, l'amour de la louange est un mobile très puissant et très naturel. Combien les anciens ne l'ont-ils pas célébré ! « C'est, disait Cicéron, l'honneur qui nourrit les arts, et tout homme s'enflamme d'amour pour une étude qui promet de la gloire. »

Quant à l'utilité du travail intellectuel, on la proclame à l'envi, et c'est justice. Cette utilité revêt deux formes. L'étude nous initie à la science, laquelle procure à l'homme l'empire sur la nature; c'est là l'utilité palpable par excellence. Il en est une autre moins visible, que les érudits de la Renaissance ont bien discernée et définie : l'étude, disaient-ils, appliquée à de beaux modèles, orne l'esprit: elle le civilise, lui donne la politesse, développe en lui l'humanité. Les érudits allemands du siècle dernier ont été plus loin. Former un honnête homme, selon les idées françaises, ne leur suffit pas. Ils veulent que l'étude fasse l'éducation intime de l'esprit, qu'elle le forme et le moule

en quelque sorte; car tel est le sens du mot allemand
Bildung, imparfaitement traduit par notre mot *culture*.
Quoi qu'il en soit, on est sûr d'être dans le vrai quand on
fait ressortir aux yeux de la jeunesse l'utilité de l'étude.

Si légitimes et si efficaces que soient l'émulation, l'a-
mour de la louange et la considération de l'utilité, ces
motifs sont-ils suffisants et doivent-ils être placés au premier plan dans notre conscience ?

Ils ont en commun un caractère auquel il convient de
prendre garde : ce sont des mobiles extrinsèques. Ils présentent l'étude non comme une fin, mais comme un
moyen. Il nous invitent à nous y appliquer, non en vue
d'elle-même, mais en vue des avantages qui s'y trouvent
attachés. Dès lors, l'ardeur avec laquelle on se portera
vers l'étude en vertu de ces mobiles ne sera nullement la
mesure de l'amour que l'on aura pour le travail lui-même
et pour les objets auxquels il se rapporte.

Vous étudiez pour avoir des succès? Cela est bien. Mais
si vous travaillez uniquement pour cette fin, les concours
une fois terminés vous n'étudierez plus.

Vous étudiez pour vous faire une position? Quoi de plus
juste? Mais, le but atteint, peut-être ne songerez-vous jamais à rouvrir vos livres.

Vous étudiez pour apprendre comment l'homme peut
s'approprier les forces de la nature? Mais, si l'étude n'a
pas pour vous d'autre signification, vous vous renfermerez
dans les connaissances techniques et perdrez le sens des
recherches désintéressées.

Vous étudiez pour orner et former votre esprit? Mais,
alors encore, vous n'aimez pas pour eux-mêmes les objets
de vos études? C'est votre moi que vous prenez comme
fin, c'est à votre plaisir ou à votre intérêt que vous rap-
portez les œuvres du génie. Vous refuserez donc de vous
lier. Vous prendrez ou laisserez les livres selon vos ca-
prices ou vos besoins.

Et ainsi, ne jamais parler aux enfants que d'examens, de concours, d'honneurs et d'utilité, c'est presque les détacher de l'étude, dans le temps qu'on les y astreint. Vous connaissez ce mot sévère d'un spirituel et profond penseur[1] : En France, « on prend le baccalauréat pour en finir avec les études. » Ce résultat serait difficilement évitable, si l'on ne voyait dans le travail intellectuel qu'une peine dont on attend le salaire.

Il est vrai, dira-t-on ; mais l'appât d'une récompense ou d'un profit est encore le moyen le plus efficace que l'on ait trouvé de déterminer l'homme à faire un effort. Il faut donner un attrait factice à ce qui manque d'attrait par soi-même.

Ainsi parlent beaucoup de personnes. Mais ne tranchent-elles pas bien promptement la question de l'intérêt que l'étude peut présenter par elle-même ? Le travail demande un effort. Est-il donc pour cela une peine et un châtiment ?

Oublions un instant les préjugés et les phrases convenues. Mettons-nous en présence de la réalité. Cherchons quelle est, en face des grands objets de la littérature et de la science, l'impression naturelle de l'esprit humain. Si cette impression était une inclination spontanée vers l'étude, le recours aux mobiles extrinsèques serait moins nécessaire qu'on ne le suppose.

II

Le premier sentiment qu'éveillent en nous les objets nouveaux qui nous sont offerts, c'est la curiosité. Ceci est vrai de l'enfant au moins autant que de l'homme. L'enfant questionne à tout propos, et porte dans son regard vif et

1. Bersot, Conseils d'enseignement, de philosophie et de politique, p. 14.

mobile le désir qui le possède d'être éclairé sur tout ce qu'il aperçoit. Il est vrai que, parfois, l'enfant n'est pas plus tôt à l'école que sa curiosité s'éteint, son regard se ternit, sa physionomie devient morne. Ce qu'il avait d'esprit et de grâce disparaît pour faire place à la gaucherie, à l'indifférence, à la paresse et à la lourdeur. Mais c'est là l'effet malheureux d'un enseignement sans vie, ce n'est pas la suite naturelle de l'initiation à l'étude.

Un récit du vieil Homère montre à quel point les Grecs considéraient le désir d'apprendre comme l'un des instincts les plus puissants de la nature humaine. Lorsque les sirènes, pour attirer Ulysse, cherchent les arguments les plus irrésistibles, ce qu'elles lui promettent, ce ne sont pas les mille formes du plaisir, c'est la science : « Viens à nous, glorieux Ulysse ! Jamais on ne passe outre sur un vaisseau, avant d'avoir ouï les doux chants qui s'échappent de nos lèvres ; mais ensuite on part transporté de joie et sachant bien plus de choses. Nous n'ignorons rien de ce que les Grecs et les Troyens ont souffert dans les vastes plaines d'Ilion ; nous sommes instruites de tout ce qui arrive sur la terre fertile. » Cet instinct de curiosité fut particulièrement fort chez les Grecs, ces représentants par excellence du génie humain dans l'antiquité. Il se manifeste chez l'homme, dès qu'on lui permet de suivre sa pente naturelle. Il se développe et s'étend en se satisfaisant.

Appuyons-nous donc tout d'abord, en ce qui concerne l'étude, sur ce précieux instinct. Gardons-nous de nous en passer ou de l'émousser. Grâce à lui, l'élève s'élance de lui-même dans la voie qu'il doit parcourir. L'homme doit conserver intact pendant toute sa vie cet ardent désir d'apprendre, qui est comme l'invitation de la nature à étudier.

Mais si ce mobile est puissant et légitime, il est clair qu'il ne peut suffire. La curiosité est une faculté vaga-

bonde et capricieuse, qui nous fait rechercher le nouveau,
le facile ou le piquant, de préférence au vrai, au grand et
au beau véritable! Elle aime à butiner plus qu'à approfondir. Elle a, de la jeunesse, le charme et la légèreté.
C'est pourquoi elle a besoin d'être guidée. D'où lui viendra
cette direction? La nature va-t-elle nous offrir d'autres
impressions, capables de déterminer comme il convient
cette disposition première?

III

Les objets que l'on propose à notre étude ne sont pas
les premiers venus. C'est ce que les lettres et les sciences
renferment de plus grand. En face de cette grandeur, l'impression naturelle de l'âme est le respect.

Quelles sont en effet les conditions de ce sentiment?
Pour qu'une chose soit respectable, il faut qu'elle fasse
paraître une volonté soumise à une loi haute et sainte, et,
à défaut d'un plein accomplissement de cette loi, un effort
désintéressé de l'agent pour se dépasser, pour tendre à
l'idéal. Et pour qu'un être soit capable de respect, il faut
qu'il sente la distance qui sépare le réel et la pure nature
de la grandeur spirituelle, il faut qu'il ait le sens religieux.

Or ces conditions se trouvent excellemment remplies
quand l'enfant est mis en présence des chefs-d'œuvre de
la pensée humaine.

Qu'est-ce en effet que la science et la littérature, sinon
l'homme dépassant infiniment l'animalité où il a pris naissance, et s'élevant au-dessus de lui-même en se subor-
donnant, en se vouant à l'idéal? Dans la science, l'homme
s'humilie: il sacrifie ses imaginations, ses habitudes d'esprit, ses désirs, à la recherche impartiale de ce que la
nature est en elle-même. Dans les lettres, l'homme, sans
doute, se prend lui-même pour objet. Mais il ne s'enferme

5.

pas dans son individualité : c'est l'éternel, ou la beauté, ou la vie, ou le mystère, inhérents à la nature humaine, qu'il s'efforce de saisir et d'exprimer L'activité littéraire cherche Dieu dans l'esprit, comme l'activité scientifique le cherche dans les choses.

L'une et l'autre doivent donc nous inspirer du respect, si nous sommes capables de ce sentiment, si nous avons l'instinct religieux. Mais qui peut nier que l'enfant comme l'homme, livré à lui-même, ne reconnaisse la supériorité de ce qui le dépasse, et ne soit disposé à rendre un culte à ce qu'il juge grand et bon?

Il est, à vrai dire, des théories qui tendent à détruire en nous le respect des grandes œuvres. On analyse le génie dans ses éléments et dans ses causes, et l'on essaye de prouver que l'apparition d'un grand homme n'est, au fond, qu'un accident fatal, une sorte de réussite, déterminée par un heureux concours de coïncidences dans les influences de milieu et d'hérédité. Mais peu nous importe le moyen qu'emploie la nature pour réaliser ses plus nobles créations. Les fleurs restent belles après qu'on les a ramenées à des substances chimiques. Qu'on explique le génie physiologiquement, il n'en continue pas moins à nous dépasser.

Cependant certains critiques surviennent qui nous disent : Pour comprendre l'écrivain, il faut étudier l'homme. Or l'homme est d'ordinaire un homme comme les autres : intéressé, vaniteux, jaloux, esclave des préjugés de sa caste et de son époque, charlatan parfois et souvent plagiaire. Par des accusations de ce genre, appuyées sur une érudition très étendue et très minutieuse, on entend nous détacher d'un respect qu'on taxe de superstition, et substituer, dans l'étude des œuvres littéraires, la science au sentiment.

Ne nous laissons pas abuser par cette critique maligne. L'œuvre et l'auteur sont et doivent rester deux choses fort distinctes. Certes, entre l'un et l'autre l'harmonie est possible. Le style, en particulier, peut n'être pas simplement de l'homme ; parfois il est l'homme même. Mais que de fois aussi il y a disproportion entre l'œuvre et l'individu! L'œuvre, n'en doutons pas, peut être supérieure alors que l'individu est vulgaire. Cela tient à ce qu'un auteur a nécessairement en vue de composer l'œuvre la plus belle, la plus haute possible. Il n'écrit pas pour lui-même, quoi qu'en disent parfois ceux qui se croient méconnus : il écrit pour l'humanité ; et ce qu'il y a en lui de plus grand s'éveille à l'appel de ce lecteur idéal. Bien souvent l'individu n'est que le théâtre du génie qui travaille en lui et sans lui. Or c'est l'œuvre de ce génie que nous nous proposons d'étudier. Certes, nous demanderons à la biographie et à l'histoire tout ce qu'elles peuvent nous fournir de secours pour la bien comprendre ; mais ensuite, nous la considérerons en elle-même, abstraction faite de la personnalité de l'auteur.

Ainsi, de lui-même, l'homme éprouve, en face des monuments littéraires et des conquêtes de la science, un sentiment de respect. Ce sentiment est-il bon et salutaire? Doit-on l'entretenir et le cultiver?

Il peut sembler qu'une telle disposition n'est guère conforme aux idées modernes. Depuis la Renaissance, depuis Bacon et Descartes, la superstition de l'autorité a disparu. La libre critique n'est-elle pas plus glorieuse et féconde que le respect?

Certes, le respect est un sentiment délicat qu'il convient de réserver pour ce qui est vraiment grand et noble ; et c'est un sentiment réfléchi, qui ne doit pas dégénérer en aveugle superstition. Mais quand nous étudions des chefs-d'œuvre éprouvés, nous ne pouvons que gagner à nous incliner devant leur grandeur, et à y chercher avant tout ce qui en fait des monuments de la puissance de l'esprit humain. Une fois pénétrés par le respect, nous pourrons sans danger nous livrer à la critique la plus minutieuse. D'abord les chefs-d'œuvre supportent une telle critique ; ensuite, là même où nous trouverons le génie en défaut, nous n'aurons plus désormais la tentation de nous targuer de nos découvertes, et de supputer victorieusement les fautes d'un Corneille contre notre syntaxe. Modeste et sincère, la critique nous instruira sans nous fausser le jugement.

Ce sentiment de respect, qui est naturel et salutaire, peut-il être pour l'étude un mobile efficace ?

Au premier abord, il semble qu'il nous tienne surtout à distance, qu'il nous éloigne des maîtres par la conscience de notre immense infériorité. Aussi a-t-on parfois proposé de mettre les enfants en commerce avec les auteurs secondaires, avant de les initier à la lecture des plus grands.

Mais le respect ne nous dispose pas seulement à la réserve. C'est un sentiment complexe, où il entre de l'attrait en même temps que de la crainte. On redoute, mais on désire la présence de celui qu'on respecte. C'est déjà souhaiter un commerce plus intime avec les objets de nos études que de ressentir pour eux du respect.

IV

D'ailleurs les grandes créations de la littérature et de la science ne nous inspirent pas seulement du respect ; et ce sentiment austère est le prélude d'une émotion plus douce. A mesure que nous nous approchons des chefs-d'œuvre et que nous en acquérons une connaissance plus précise, nous nous apercevons qu'ils ne sont pas seulement grands, mais beaux, et qu'ils répondent aux plus vives aspirations de notre âme. Dès lors, au respect succède l'admiration, et à l'admiration l'amour. C'est la marche naturelle de l'âme en présence des choses qui lui apparaissent comme excellentes.

Et qui peut douter que les objets de nos études, envisagés sous leur vrai jour, ne soient au plus haut point admirables et aimables? Je ne parle pas des résultats pratiques des sciences, dont la beauté frappe tous les yeux; je ne parle même pas des hautes théories qui excitent à un si haut degré l'enthousiasme des savants. Mais les choses scolaires proprement dites, les éléments de la grammaire ou du calcul, la résurrection du passé par l'histoire, le rapport de l'homme à la terre que nous explique la géographie, toutes ces connaissances, même sous leur forme la plus humble, enferment dans quelques symboles très simples une telle somme d'efforts, de découvertes, d'inventions, d'idées, de conquêtes sur la nature et de moyens de perfectionnement pour l'humanité, qu'elles doivent ravir, comme des merveilles, celui-là même qui ne fait qu'en entrevoir la portée. L'alphabet passe pour une chose abstraite et ennuyeuse. Mais qu'y a-t-il de plus admirable que de réussir à noter sur le papier, avec vingt-cinq caractères, tous les mots, c'est-à-dire toutes les idées et toutes les choses? Le résultat est si étonnant, qu'il a suggéré, semble-t-il, dans la science de la nature elle-même, l'une des hypothèses les plus hardies et les plus fécondes. On sait que de profonds philosophes de l'antiquité, Démocrite et Épicure, expliquèrent par de petits corps, identiques en nature et ne différant que par la forme, l'infinie diversité de qualités que fait paraître le monde qui nous entoure. Et cette ingénieuse hypothèse se retrouve aujourd'hui dans la chimie atomique. Or, selon Lucrèce, la pensée de l'alphabet aurait été présente à l'esprit des fondateurs de l'atomisme, et aurait été l'origine de leur invention. C'est une merveille encore que la numération, qui, avec quelques signes et quelques mots, permet de classer et nommer tous les nombres possibles, et fait tenir un infini dans l'intelligence d'un enfant. Et ces créations ne sont pas seulement admirables, elles sont aimables, parce qu'elles sont l'œuvre de l'esprit humain, qui s'y manifeste dans sa splendeur et sa libéralité. Livré à son impression naturelle, l'homme aime la science, comme l'objet idéal dont la possession comblera les désirs confus de son intelligence.

Plus directement encore sommes-nous en communion avec l'esprit qui vit et s'exprime dans les œuvres littéraires. Qu'ils soient voisins ou éloignés de nous, ce sont des hommes qui nous y confient leurs douleurs et leurs joies, leurs sentiments sur la vie et sur le monde. Cette conversation mystérieuse avec les grands génies des temps les plus reculés a un charme étrange et pénétrant; et, loin de trouver ces anciens barbares et grossiers, nous sommes étonnés, à mesure que nous apprenons à les connaître, de voir à quel point ils avaient des sentiments analogues aux nôtres. Faites lire Homère à un enfant qui ne se doute pas que c'est là une matière à versions grecques et à pensums, et vous serez frappé de l'attrait qu'aura pour lui cette lecture, de la vivacité avec laquelle il prendra parti pour ou contre les héros du poème. Il en sera de même des tragédies de Corneille et des chefs-d'œuvre classiques en général. Le simple et le grand, fussent-ils antiques, sont plus voisins d'une âme naïve que le faux et le compliqué, pour modernes qu'ils soient. Mais partout où s'est épanché le cœur humain, partout où s'est traduite avec force et beauté l'émotion d'un homme, à notre tour nous sommes émus et nous aimons; nous aimons le frère dont nous pénétrons l'âme, et qui d'avance nous a compris nous-mêmes. Le grand poète s'est donné, et le don de soi appelle la réciprocité.

On objectera que l'admiration et même l'amour peuvent n'être que des jouissances d'amateur, des sensations fines de dilettante. Ce seraient, à ce compte, des sentiment distingués peut-être, mais en définitive orgueilleux et égoïstes.

Il en serait ainsi, en effet, si l'admiration et l'amour n'étaient précédés et comme sanctifiés par le respect. Épris de notre sensibilité aristocratique et tout entiers au plaisir d'analyser nos impressions subtiles, nous mettrions un Homère ou un Corneille au service de notre petite personnalité. Le respect prévient cette aberration. Il abat en nous la personnalité et l'orgueil. C'est pourquoi il doit précéder l'amour. Il faut s'être purifié pour avoir le droit de s'approcher de l'autel : il faut avoir dépouillé l'égoïsme pour communier avec l'idéal.

L'admiration et l'amour, venant ainsi à leur rang, sont des mobiles très efficaces. L'amour tend à l'union des âmes. Si donc nous aimons telle science, telle œuvre littéraire, nous ne nous contenterons pas d'en prendre cette demi-connaissance qui n'empêche pas que l'objet ne nous demeure étranger. Nous voudrons approfondir et faire nôtre la pensée qui a touché notre âme, et nous travaillerons à faire passer dans notre substance les plus beaux fruits du génie humain.

En ce sens, nous trouverons un charme et une vertu singulières à deux pratiques parfois dédaignées : la lecture à haute voix et l'habitude d'apprendre par cœur. Celui qui aime un auteur, notamment un poète, veut se représenter l'œuvre qu'il a sous les yeux telle qu'elle s'anima sous les regards épris de son créateur. Or, pour lui restituer ainsi la réalité et la vie, quel meilleur moyen que la lecture à haute voix? Grâce à l'ébranlement que les sons d'une voix émue produisent dans tout l'organisme, l'imagination modèle et ressuscite les ombres indécises qui dorment dans les livres. Et quand on a pu s'assimiler le chef-d'œuvre par la mémoire, quelle joie n'est-ce pas de pouvoir l'évoquer à tout moment, de le posséder comme le sage antique possédait sa fortune, placée toute dans les biens intérieurs, et de se fondre avec cette âme à qui la beauté divine s'est révélée !

Or, à mesure qu'on lit et relit les chefs-d'œuvre, à mesure on y découvre des aspects nouveaux; et, les comprenant mieux, on les aime davantage. Il y a une réciprocité d'action entre l'amour et la connaissance; c'est pourquoi l'admiration, et l'amour qui en est le terme, sont des mobiles d'une puissance toujours croissante.

Cependant, nous devons reconnaître que, déterminé par ces seuls mobiles, l'esprit ne retirerait pas encore de l'étude tous les fruits qu'on en doit attendre. Si le respect risquait de le laisser froid et timide, l'admiration et l'amour pourraient le maintenir dans un état de contemplation purement passive. Or notre destinée n'est pas de nous abîmer dans l'extase, mais d'agir. Comment s'opérera le passage de la contemplation à l'action?

V

Il n'est pas nécessaire de forcer la nature par des artifices pour qu'elle aille vers la fin que la raison lui assigne. Il suffit de lui laisser suivre son cours. Comme le respect enferme une secrète et craintive aspiration vers l'amour, ainsi l'amour, sans le savoir, tend à imiter et à créer.

Cet instinct se manifeste chez l'enfant dès l'éveil de l'intelligence. Voyez-le au milieu de ses jouets: ceux qui l'intéressent le plus sont ceux qu'il peut démonter et reconstituer, qui lui donnent occasion d'agir. Les jouets de Nuremberg, si renommés, consistent principalement en réductions des objets dont se servent les grandes personnes: c'est donc que les enfants se plaisent surtout à imiter et reproduire ce qu'ils nous voient faire. Dès que l'enfant commence à étudier, si son instinct n'est pas contrarié, il voudra enseigner à son tour ce qu'il vient d'apprendre; souvent même il voudra enseigner suivant une méthode de son invention. L'un des jeux favoris des petites filles est de faire la classe à leurs poupées. Quels sont les enfants qui, sentant les beautés d'une grande œuvre poétique ou artistique, n'aient rêvé de devenir, eux aussi, des poètes ou des artistes?

Et malgré les déconvenues que lui apporte l'expérience, l'homme conserve cette disposition. Il sent en effet que c'est par l'action qu'il se réalise lui-même, et cela d'autant plus que son action se règle sur un idéal plus élevé.

Que cet instinct soit bon et salutaire, c'est ce qui n'est pas douteux, s'il est vrai que les progrès de l'esprit humain ne se sont pas faits par l'action fatale des forces extérieures, mais par une série de créations, toujours préparées par l'imitation. Mais pour que les œuvres de l'homme soient belles et viables, il faut que le respect et l'admiration des grandes choses précèdent le déploiement de l'activité productrice. Celui qui veut créer, comme un dieu, sans modèle, n'exprimera dans ses œuvres que sa chétive personnalité. Il se contentera à peu de frais, ne se comparant pas; et lors même qu'il travaillerait avec zèle, il n'acquerra qu'une frivole virtuosité. Pour faire de grandes choses, il faut joindre à l'intelligence et au travail un idéal très haut situé. Or, grâce au respect et à l'amour, chacun de nous participe à la vie et à la puissance du génie lui-même. Dans l'âme qui a passé par les initiations nécessaires, le dieu descend et renouvelle son œuvre créatrice.

Si l'on y fait appel à l'heure et après la préparation convenables, l'instinct d'imitation et de production sera la plus féconde des excitations à l'étude. Car pour être en mesure de reproduire les choses, il faut en avoir une connaissance bien plus profonde que pour se borner à les décrire ou à en jouir. Celui qui voudra imiter un modèle l'analysera, le décomposera minutieusement, cherchera à découvrir les lois et les méthodes suivant lesquelles ce modèle a été créé. Dès lors ce ne sera pas simplement une connaissance plus étendue qu'obtiendra le disciple devenu

l'émule du maître, ce sera une connaissance d'une autre
nature. Il démêlera la genèse même des choses, il les con-
naîtra dans leur origine. Or, être en possession des méthodes d'invention d'une science, s'être approprié ce qui peut
être transmissible des procédés du génie, est évidemment
la plus haute récompense que nous puissions espérer de
notre travail.

VI

En résumé, les divers mobiles extrinsèques dont on se
contente parfois pour déterminer les enfants à étudier
sont loin d'être les seuls qui s'offrent à l'éducateur. Il est
des mobiles intrinsèques qui sont à la fois très naturels,
très légitimes et très efficaces. Tels sont le désir de savoir,
la disposition au respect, à l'admiration, à l'amour, l'instinct d'imitation et de production. Avant d'étudier en vue
des avantages qu'on lui propose, l'homme veut étudier
en vertu de sa constitution intellectuelle et morale elle-
même.

S'il en est ainsi, il est clair que c'est tout d'abord à ces
heureux penchants qu'il convient de s'adresser. Ce qui est
vrai de l'humanité doit l'être de nos élèves, appelés à devenir des hommes. C'est avec le sentiment joyeux du déploiement de son être que l'humanité a créé les sciences,
les lettres et les arts; ce ne peut être pour l'enfant une
tâche pénible que d'être initié à cette création. Renonçons
donc à cette idée, que les enfants ne peuvent s'intéresser
qu'aux récompenses ou aux louanges, ou aux avantages
divers que notre pédagogie leur propose. Admettons qu'ils
peuvent s'intéresser aux choses elles-mêmes, et ils s'y
intéresseront.

On se demandera pourtant si toutes les études que l'on
exige de l'enfant sont de nature à être ainsi aimées de lui,

et si plusieurs ne sont pas à la fois très nécessaires et très arides.

A dire le vrai, s'il existe des études qui, malgré tous nos efforts pour en dégager l'élément humain et aimable, demeurent tristes et rebutantes, on peut se demander si elles ont en réalité une vertu éducatrice, et si elles sont bien à leur place dans l'enseignement classique. Quelle est en définitive notre mission? Créer, d'après l'idée de la nature humaine, des intelligences et des caractères. Or la joie est le signe auquel on reconnaît que les activités de l'âme sont dirigées vers leur fin naturelle.

Au reste, en faisant ressortir la puissance des mobiles intrinsèques, nous n'avons pas songé à éliminer les autres. Tout au contraire, nous les maintenons d'autant plus soigneusement qu'ils paraissent plus légitimes et d'un effet meilleur, du moment qu'on les subordonne aux sentiments et aux tendances désintéressés. L'émulation perd de son acuité et devient une lutte généreuse chez ceux qu'anime avant tout le désir d'apprendre et de bien faire. La louange n'est plus une satisfaction de vanité qu'on tâche de se procurer par tous les moyens, quand on sait qu'une seule chose a du prix, le vrai savoir; mais elle demeure un encouragement précieux. Enfin le souci de l'utilité, commandé par les conditions de la vie, laisse à l'âme toute sa noblesse, quand on estime que les profits que nous retirons de l'étude doivent eux-mêmes être consacrés au développement de la science, des lettres et des idées généreuses qui sont l'honneur de l'humanité.

On objectera encore qu'ainsi rattachée aux impulsions naturelles de l'âme, l'étude perd son caractère sérieux et se confond avec le jeu. Demander que l'enfant soit mû par l'admiration et l'amour, n'est-ce pas revenir à la théorie du travail attrayant?

Il serait fâcheux qu'il en fût ainsi; car cette théorie est certainement fausse et dangereuse. Elle débute par un mensonge; et, si elle réussit, elle énerve l'âme; si, ce qui est plus probable, elle échoue, elle n'aboutit qu'à faire détester le vrai travail.   ·

Mais, sans ramener en aucune façon le travail au jeu, ne peut-on se demander si l'opposition que nous établissons souvent entre le jeu et le travail est naturelle et vraie? Nous la trouvons professée par les Romains, peuple sérieux, sans doute, mais brutal et grossier dans ses jeux, comme il était dur et tendu dans la pratique du devoir. D'un côté contrainte violente, de l'autre relâchement sans frein. Est-ce là l'idéal de la vie humaine? Les Grecs ne concevaient pas ainsi le jeu et le travail. Les jeux, chez eux, étaient réglés et nobles, le travail conservait de l'aisance et de la grâce. Travail et jeu n'étaient que l'alternance d'exercice de nos diverses facultés.

Pour nous, tout en reconnaissant plus expressément que les Grecs la nécessité de l'idée de devoir, peut-être ferons-nous bien de préférer leur conception de la vie à celle des Romains. Pourquoi le travail s'opposerait-il au jeu? L'un est-il moins indispensable que l'autre? Et ne suffit-il pas qu'il y ait différence, faut-il qu'il y ait absolu contraste, pour que l'un repose de l'autre? La liberté sans règle que l'on réclame pour le jeu n'a de prétexte que dans la gêne que l'on croit être inséparable du travail. Combien est-il plus beau et plus vrai, en ce qui concerne le régime de l'école, de voir dans ce que l'on nomme jeu l'exercice d'une partie de nos facultés, principalement de nos facultés physiques; et dans ce qu'on appelle travail, l'exercice d'une autre partie, principalement de nos facultés intellectuelles! Or l'un et l'autre veut être à la fois libre et réglé. Dans l'un comme dans l'autre doit se retrouver cet accord de la spontanéité et de la mesure, qui est la grâce et la perfection.

Enfin, on dira peut-être que l'étude telle que nous la comprenons rend le maître moins nécessaire. Mais la vraie

mission du maître n'est-elle pas d'apprendre aux élèves à
se passer de lui? Il vient un moment, dans les familles, où
les parents, après avoir, pendant de longues années, fait
leur bonheur du soin de leurs enfants, leur disent, non
sans un serrement de cœur : « L'œuvre de votre éducation
est achevée, volez désormais de vos propres ailes. » De
même, le maître qui remplit bien sa tâche apprend aux
enfants à se suffire, à devenir des hommes. Lui aussi,
l'œuvre achevée, il dit à ses élèves, non sans tristesse,
mais avec la satisfaction du devoir utilement accompli :
« Allez, mes amis, vous n'avez plus besoin de moi. »

LA LECTURE A HAUTE VOIX[1]

Entre les différents moyens d'enseignement et d'éducation, l'un des plus efficaces est la lecture à haute voix. Votre expérience, sur ce point, serait-elle en désaccord avec la mienne? Pour moi, quand je repasse mes souvenirs scolaires, je trouve au nombre des plus vifs ceux que m'a laissés telle lecture faite, aux heures perdues, par un professeur habile à bien lire. Et n'observons-nous pas, chaque jour, l'effet de la diction sur les hommes? Sans parler du théâtre, combien le débit d'un discours n'en augmente-t-il pas l'effet? Ne remarquez-vous pas comme, en rendant compte d'une pièce d'éloquence, on prend toujours soin de mentionner de quelle manière elle a été dite?

De tout temps les éducateurs ont compris l'importance de la lecture à haute voix. A Athènes, le premier maître de l'enfant était le grammatiste, lequel avait pour mission principale de lui faire étudier les poètes. Lentement et en cadence, il déclamait, phrase par phrase, un morceau d'Homère ou d'Hésiode, et les élèves répétaient. Dans les églises chrétiennes, la lecture publique des textes sacrés fut

1. Ouvrages à consulter : Diderot, *Paradoxe sur le comédien*; Legouvé, *l'Art de la lecture*; Dupont-Vernon, de la Comédie française, *l'Art de bien dire*; Scoppa, *Traité de la poésie italienne rapportée à la poésie française*; Quicherat, *Traité de versification française*; Becq de Fouquières, *Traité général de versification française*; Robert de Souza, *Du Rythme poétique*; Clair Tisseur, *Modestes Observations sur l'art de versifier*; Eugène d'Eichthal, *Du Rythme dans la versification française*.

de tout temps une des parties essentielles du culte. Quelle
ne devait pas être l'émotion des premiers chrétiens enten-
dant lire, sur un ton de pieuse émotion, les lettres de saint
Paul? Et plus que jamais l'importance de la lecture à haute
voix est reconnue aujourd'hui par les éducateurs. J'ai eu
occasion de constater quelle place tient cet exercice dans
les écoles allemandes : cette place, à l'école des filles en
particulier, est peut-être la première. Il s'agit d'exciter
dans les esprits, par le prestige de la diction et l'habile
choix des textes, avec le sentiment du beau et l'intelligence
des auteurs, le sentiment national.

Chez nous-mêmes, de longue date, l'administration, les
maîtres et les publicistes les plus éminents unissent leurs
efforts pour développer à l'école le culte de la lecture. Et
il a été dit et fait tant de belles choses à cet égard, que je
me prends à douter de l'intérêt que peut offrir pour vous
le présent entretien. Je songe en particulier à une conférence de Mme Cécile Gay sur la diction, à une leçon faite,
ici même, par M. Léon Robert, sur la lecture expliquée,
à plusieurs articles de M. Steeg, à l'atmosphère même dans
laquelle vous vivez ici, et je m'aperçois que je n'ai rien à
vous dire qui ne vous ait été enseigné excellemment par la
théorie et par l'exemple. Que si pourtant je vous amène
à réfléchir une fois de plus par vous-mêmes sur ce sujet
tant de fois traité, j'aurai contribué à développer en vous,
avec une conviction raisonnée, une habitude et une disposition d'esprit qui, dans une matière d'ordre pratique, ne
saurait être estimée à trop haut prix.

Je me propose d'attirer votre attention sur les deux points
suivants :

En quoi consiste le pouvoir de la lecture à haute voix?

Comment faut-il lire pour que ce pouvoir se manifeste?

I

La lecture donne la vie au discours. Dans ce mot est contenue la réponse à notre première question. Mais qu'est-ce que cette vie? Quel est le sens de cette métaphore?

Un passage de Platon vient ici à mon secours. Vers la fin du *Phèdre*, comparant le discours écrit à la peinture, Platon s'exprime ainsi : « Il en est de l'écriture comme de la peinture. Les productions de cette dernière semblent vivantes; mais interrogez-les : elles gardent gravement le silence. De même les discours écrits : à les entendre, vous croyez qu'ils pensent; mais si vous leur demandez quelque explication sur le sujet qu'ils traitent, ils vous répondent toujours la même chose... Qu'un discours écrit se voie méprisé ou insulté injustement, il a toujours besoin du secours de son père. Par lui-même il est incapable de repousser les attaques et de se défendre. » Qu'est-ce à dire, sinon que l'auteur ne couche sur le papier que les résultats derniers de ses réflexions? Il garde en son esprit la multitude de faits, d'idées, de raisonnements, d'essais et de vérifications qui l'a conduit à ces résultats. C'est pourquoi flotte et s'agite, autour de chaque pensée rendue par l'écriture, tout un cortège invisible de pensées accessoires et explicatrices. Ce cortège, le discours écrit, à lui seul, ne l'évoquera pas. Mais il appartient à la voix humaine de le susciter dans l'esprit des auditeurs. Les mille nuances de la parole sont comme autant d'éclaircissements, qui aident à saisir l'origine et la liaison des idées, les oppositions et les rapprochements, la physionomie propre des objets, le terme où s'achemine la pensée. C'est le travail même auquel s'est livré l'écrivain qui se renouvelle dans l'esprit du lecteur et des auditeurs; c'est l'intelligence, endormie dans son enveloppe matérielle, qui se réveille et de nouveau l'anime.

Tel est le premier effet de la lecture à haute voix : elle est un procédé très sûr et très puissant pour faire comprendre le texte avec précision et profondeur.

Mais elle va plus loin. Considérez l'action directe de la parole. Il y a dans la voix humaine un je ne sais quoi qui se communique à l'homme, et l'atteint au plus profond de son être. C'est quelque chose comme ce qu'on appelle en physique les vibrations synchrones. Lecteur et auditeurs vibrent à l'unisson; même l'émotion de l'un est renforcée par celle des autres, et réciproquement. Or, c'est sous l'influence de l'esprit dont on évoque l'œuvre que ce phénomène se produit. C'est lui qui maintenant vit en eux, c'est son amour de la vérité et de la beauté, source secrète de ses pensées, qui se propage dans l'âme de ses fidèles. Et ainsi le lecteur ne fait pas seulement comprendre, il fait aimer l'auteur. Au son de sa voix, le langage écrit perd ce qu'il a d'opaque et de matériel, devient pur symbole, se laisse de plus en plus pénétrer par les âmes qui se cherchent, et finalement n'est plus que le trait d'union de ces âmes elles-mêmes.

Dann geht die Seelenkraft dir auf.
Wie spricht ein Geist zum andern Geist.

Ces paroles de Faust se réalisent. Tandis que s'ébranle l'organisme, les portes de l'âme s'ouvrent toutes grandes, et c'est maintenant un esprit qui parle à un esprit.

Ainsi la lecture à haute voix fait comprendre et sentir avec une vivacité singulière. Mais comprendre et sentir avec force, c'est déjà presque vouloir; et vouloir sérieusement, c'est commencer d'agir. Si les œuvres qu'on lit devant nous émanent de génies supérieurs, ce ne sera rien de moins qu'une disposition à nous dépasser nous-mêmes, à nous hausser jusqu'à ces génies dans nos pensées et dans nos actions, que la lecture à haute voix suscitera en nous.

II

Mais pour produire de tels effets, comment la lecture doit-elle être pratiquée?

Un homme très distingué, aussi fin artiste que profond mathématicien, me disait un jour : « Il n'y a qu'une manière de bien lire, c'est de lire sans aucune expression. Prononcez fidèlement et correctement ce qu'il y a dans le texte, et laissez-moi animer ce discours à ma guise en ma propre imagination. Dans vos efforts pour interpréter l'auteur, je ne puis voir qu'une indiscrète prétention à vous interposer entre lui et moi. » C'est dans une pensée voisine de celle-là que des poètes très pénétrés de l'inviolabilité de l'art fondèrent, il y a quelques années, un théâtre de marionnettes. De tels acteurs, au moins, ne tenteraient pas de se substituer à l'auteur,

Si plausible qu'apparaisse la thèse de mon ami quand elle est soutenue par lui, je crois que, pour qui cesse d'être sous le charme de ses explications, elle redevient un gros paradoxe. Lire sans expression, en fait, ce n'est pas présenter le texte tout nu et prêt à recevoir un vêtement quelconque, c'est lire avec une expression fausse et nuire à l'intelligence du texte. C'est, en outre, pour la plupart des auditoires, rendre le discours monotone et ennuyeux. Or, il est inadmissible que tel soit le devoir du lecteur. Enfin, on nous demande ici une chose qui, en réalité, n'est pas en notre pouvoir. Il est impossible à qui sent vivement de ne rien mettre de son émotion dans sa voix et dans son accent. Pour vous obéir, le lecteur devra se faire une violence qui achèvera de donner à son débit quelque chose de factice et de faux.

Gardons-nous toutefois d'écarter purement et simplement le paradoxe de mon ami. D'abord il est bien vrai que

le premier point, c'est de lire ce qu'il y a dans le texte,
tout ce qui s'y trouve et rien que ce qui s'y trouve. Le conseil est trivial, il n'est pas inutile. Soit légèreté ou habitude
de se contenter de l'à peu près, soit défaut de souplesse, soit
préoccupation de l'effet, bien des personnes altèrent plus
ou moins le texte, sans songer que l'exactitude est la pro
bité du lecteur, et que les autres qualités n'ont le droit de
se produire que si celle-là est présente.

Mais ce n'est pas tout. Notre mathématicien poète nous
rappelle avec humour l'un des principes dont nous devons
le plus nous pénétrer : l'impertinence qu'il y a, chez le
lecteur, à détourner sur lui l'attention, qui ne doit aller
qu'à ce qu'il lit. Je ne sais si, au théâtre même, les acteurs ont bien le droit de nous faire admirer comme per-
sonnelle l'interprétation qu'ils donnent des œuvres qui
leur sont confiées, et de se faire applaudir pour eux-
mêmes. Mais en tout cas il est interdit à l'éducateur de
chercher dans l'accomplissement de sa tâche l'occasion
d'un succès pour sa personne. Il n'a pas réussi, il a
échoué, si de sa lecture l'impression principale qui se
dégage pour les élèves est l'admiration de son talent.

Nous ne devons même pas lire dans le même esprit
qu'un homme du monde, qui se propose surtout d'amuser
et de distraire ses auditeurs. Les grandes pensées, le beau
langage, ne sont pas pour nous un instrument de plaisir,
même distingué. Ce que nous avons en vue, c'est de nous
élever, en participant à la vie supérieure dont le génie a
eu le privilège. Le lecteur ici n'a pas à se distinguer des
auditeurs et à s'en faire applaudir ou remercier. Il doit
s'effacer devant l'auteur et se borner à en être l'organe.
Il est avec ses auditeurs sur le pied d'égalité, et c'est son
abnégation même qui assure son action.

S'il en est ainsi, le problème que nous nous sommes posé
ne laisse pas que d'être embarrassant. D'une part il faut
lire avec expression, mettre du sien par conséquent dans

sa manière de lire ; d'autre part, il faut s'effacer et faire entrer les auditeurs en communication directe avec l'auteur. Comment ces deux conditions sont-elles conciliables ?

Ce qu'on doit d'abord souhaiter chez le lecteur, semble-t-il, c'est qu'il sente ce qu'il lit, qu'il aime pour faire aimer.

Mais ici encore nous rencontrons un paradoxe célèbre, celui de Diderot. Le comédien, dit le brillant critique, ne doit avoir aucune sensibilité, mais beaucoup de jugement et de pénétration. Il doit être comme un spectateur froid et tranquille de lui-même. Il doit avoir l'art de tout imiter sans rien éprouver.

Je ne sais si, même en ce qui concerne les comédiens, la théorie est vraie sans restriction ; mais pour nous, qui voulons élever les âmes et non briller, elle est certainement inadmissible. Nous n'avons le droit de provoquer tel ou tel sentiment que si nous l'éprouvons nous-mêmes. Se croire au-dessus de l'émotion que commandent les grandes choses, alors que l'on a pour mission de l'inspirer, est une attitude qui ne convient pas à l'éducateur. Ajoutons que l'artifice est une méthode bien dangereuse. Le jour où les élèves le surprennent, ils perdent envers leur maître cette confiance et cet abandon qui sont la condition de l'influence.

Il y a pourtant quelque chose de considérable à retenir du célèbre *Paradoxe sur le comédien* : c'est que, ni pour exprimer ce qu'on sent, ni même pour sentir, on ne peut s'en tenir à la nature brute. Il est certain qu'il faut être naturel, mais tout ce qui est dans la nature n'est pas naturel. L'affectation elle-même est dans la nature. Le naturel implique un choix entre les mouvements de la nature : c'est la spontanéité et la simplicité dans la manifestation de la vraie nature de l'homme, c'est-à-dire de la raison et de l'honnêteté. Par suite, le naturel est le résultat d'un concours de la nature et du jugement.

En ce qui concerne la manière de rendre les sentiments, les psychologues établissent que nulle expression, si primitive et spontanée qu'on la suppose, n'est purement automatique, mais qu'il y entre nécessairement une part de choix et de volonté. A plus forte raison devons-nous faire acte de jugement et de réflexion, si nous voulons trouver l'expression juste de sentiments parfois très complexes et délicats.

Mais il y a plus : le sentiment lui-même risque de s'égarer. s'il n'est guidé par la raison. La sincérité, qui en est la qualité première, ne se trouve pas dans la nature pure et simple. Autrement, rien ne serait plus sincère que l'impulsion aveugle et la passion. Il faut, pour avoir le droit de se dire sincère, mettre, en conscience, ses pensées et ses sentiments d'accord avec l'idéal de vérité et de bonté que l'on porte en soi : ce qui ne se peut sans étude.

Et puis, ce n'est pas tout de se persuader qu'on doit s'identifier avec l'auteur. Il y a ici bien des cas à distinguer. Si je lis une poésie de Lamartine, c'est en effet la personnalité réelle ou idéale de l'auteur qui est l'âme du discours. Mais dans une poésie franchement dramatique, comme celle de Corneille ou de Molière, c'est avec les personnages mêmes du drame que je dois m'identifier. Si je lis un dialogue placé dans une Épître, comme le dialogue de Cinéas et de Pyrrhus dans la première Épître de Boileau. je dois faire ressortir l'intention de l'auteur plus que l'individualité des personnages, lesquels ici ne sont que des symboles. Si je lis une fable de la Fontaine, ce poète étrange, qui se propose, dit-il, de répandre dans les âmes les semences de la vertu, mais qui va à son but par le chemin des écoliers, s'amusant de tout ce qu'il rencontre et plus d'une fois oubliant d'arriver ; pour qui la morale, la vie, le monde, la nature, ont peut-être été par-dessus tout l'occasion de déployer un art exquis de peintre, d'auteur dramatique, d'humoriste et d'écrivain, le point de vue auquel je dois me placer ne laisse pas que d'appeler un délicat examen.

Mais le lecteur ne se borne pas à manifester son sentiment, il veut rendre la vie à ce qu'il lit. Sur quels principes doit-il s'appuyer pour y réussir?

Dans notre siècle d'érudition, on se persuade volontiers que la mission propre de l'interprète est de replacer les choses dans leur milieu et de leur restituer exactement leur physionomie historique. En consultant les documents nous pouvons reconstituer avec une fidélité de plus en plus grande les sentiments, les habitudes d'esprit, les allures, le ton et jusqu'au parler de nos aïeux ; nous pouvons nous donner la sensation de ce que fut le passé. Le lecteur habile me doit, semble-t-il, cette sensation : j'attends de lui qu'il me fasse voir la Chimène de 1636.

Est-il vrai que telle soit la fin à poursuivre? Je ne parle pas du labeur énorme qu'exigera la moindre lecture, si l'on veut que les hommes et les choses y ressuscitent, dans tous les détails, avec leur physionomie historique ; que de fois, avec toute la science du monde, on sera obligé de confesser son impuissance! Je ne parle pas de la difficulté qu'il y aura souvent à passionner son auditoire pour des reconstitutions qui intéressent surtout les érudits. Mais il semble que replonger entièrement dans le passé un Corneille ou un Molière, et se refuser à voir en eux autre chose qu'un produit du milieu où ils ont vécu, c'est leur faire tort et les trahir. Les grands hommes travaillent pour l'éternité. C'est les yeux fixés sur l'avenir, sur l'idée de la perfection absolue, qu'ils conçoivent et qu'ils produisent. Serait-il donc vrai que tous leurs efforts ont été vains, et que, comme le premier venu, ils tiennent tout entiers dans le point de l'espace et du temps où fut enfermée leur vie matérielle?

A l'opposé de cette théorie, nous trouvons celle que professent souvent les hommes de théâtre. Il faut, disent-ils, rajeunir les personnages des ouvrages anciens, et les habiller à la mode d'aujourd'hui : c'est le moyen de les rendre intéressants pour notre public, c'est le moyen de donner carrière à l'originalité des interprètes.

Nul doute que cette méthode ne présente des avantages. Shakespeare francisé d'après le goût du xviiie siècle a pu trouver accès auprès des contemporains de Voltaire. Aujourd'hui même, sous un déguisement japonais, il est applaudi à Yédo. Et l'on pourrait soutenir la thèse en question par des raisons philosophiques, en disant que, puisqu'une œuvre classique est de tous les temps et que le vague et l'indéterminé ne sont que de froides abstractions, il est très légitime de représenter successivement les types classiques sous la forme que chaque siècle leur donne dans la vie réelle.

Mais nous ne pouvons, au point de vue de l'éducateur où nous sommes ici placés, nous ranger à cette manière de voir. Exciter l'intérêt à tout prix ne saurait nous convenir, et les plus ingénieux raisonnements ne nous masqueront point ce qu'il y a d'arbitraire dans la transformation d'Alceste en un homme du xixe siècle.

Nous cherchons la vérité et rien autre chose. Or le principe qui doit nous guider, c'est le caractère double que présentent d'ordinaire les œuvres éminentes : d'une part elles sont de leur temps, d'autre part elles sont de tous les temps. Et leur caractère historique est le cadre dans lequel s'est produit leur caractère humain. Nous nous efforcerons de faire ressortir ces deux éléments, en leur donnant leur valeur respective. Dans l'homme aux rubans verts, nous montrerons le conflit éternel de la sincérité et de la vie sociale.

C'est ainsi que, non content de communiquer son sentiment personnel, le lecteur verra et fera voir sous leur jour propre et véritable les objets conçus par l'écrivain.

Un troisième moyen s'offre à lui de captiver ses auditeurs : c'est de s'adresser à leurs sens en même temps qu'à leur cœur et à leur intelligence, et de les charmer par la musique du langage. Il ne faut pas oublier que les langues furent faites tout d'abord pour être parlées. On a écrit la langue parlée avant de parler la langue écrite. Sans doute, les langues classiques anciennes possédaient plus que les nôtres cette propriété de séduire l'oreille pendant que des idées sont offertes à l'intelligence. Ce serait pourtant une erreur de croire que nos langues n'ont plus rien de commun avec la musique. Le français, en particulier, a une harmonie spéciale à laquelle les étrangers sont très sensibles et que nous aurions grand tort de négliger. Il n'a pas la sonorité et l'éclat, non plus que la mollesse et la grâce languissante de l'italien. Il ne fait pas mugir le vent, gronder le tonnerre, résonner le cliquetis des armes, comme l'allemand. Il exprime les choses avec discrétion, il évite tout appel aux sens et à l'imagination, qui serait de nature à obscurcir la clarté de l'entendement. Dans ces limites pourtant, que de variété, quel nombre infini de nuances, que d'indications fines et suggestives ! Peut-on confondre l'accent énergique du vers :

> Rome, l'unique objet de mon ressentiment,

avec la musique mélancolique de la plainte de Phèdre :

> Ah ! que ne suis-je assise à l'ombre des forêts !

Le caractère de la musique propre à la langue française, c'est la finesse dans la mesure. La mélodie y est enfermée dans une gamme restreinte, sans pour cela être uniforme. L'accent tonique y est marqué très légèrement, au point d'échapper parfois aux oreilles étrangères. Les nombreuses différences de quantité doivent être obtenues sans jamais atteindre à l'extrême brièveté ni à l'extrême longueur de certaines syllabes anglaises ou allemandes. Le rythme n'est pas absent, mais il est souple et léger, et marque surtout le mouvement de la pensée. Un distingué professeur allemand me disait qu'il comparait volontiers le rythme de la langue allemande à une série de coups de marteau frappés sur une enclume, et le rythme de la langue française aux ondulations d'un champ de blés mûrs. L'un des traits caractéristiques du français, c'est l'existence de ce qu'on appelle l'e muet. En réalité, cet e n'est presque jamais muet, sauf devant une voyelle ; il n'est que sourd, et sa sonorité voilée contribue beaucoup à la grâce sobre de la langue française. Voltaire en a bien compris le charme, lorsqu'il a dit que les désinences féminines laissent dans l'oreille un son qui subsiste encore après le mot prononcé, comme un clavecin résonne quand les doigts n'en frappent plus les touches. Et certes nos écrivains se rendent compte que, malgré les apparences, ils ont entre les mains l'un des plus délicats instruments de musique qui soient au monde. Voyez-les travailler. Ils parlent leurs phrases tandis qu'ils les écrivent ; le nombre musical leur est l'accompagnement et comme le symbole de l'ordre logique. C'est pourquoi ces phrases ne sont vraiment réalisées dans les esprits que quand elles sont dites, quand elles sont perçues avec l'harmonie qui en est une partie intégrante.

III

A ces observations générales, il convient de joindre quelques préceptes techniques.

La qualité de la voix est d'une grande importance. Elle doit se produire avec aisance, plénitude et sonorité. Autant que possible, il faut lire debout, ou appuyé en arrière sur le dossier de sa chaise, donner à sa voix l'ampleur qu'elle comporte, sans la forcer, et obtenir un timbre net, riche, moelleux et agréable. Il est étrange à quel point le charme de la voix s'insinue dans l'âme des auditeurs, et la dispose à recevoir les idées. L'une des parties essentielles de la diction est l'art de respirer. Il faut que la respiration soit libre, suffisamment fréquente, douce et imperceptible.

Vient en second lieu la prononciation. On sait combien elle peut servir ou nuire. Maintes fois un vice de prononciation a compromis l'effet du plus beau discours. L'identité ou la différence de prononciation a sur les relations des hommes une réelle influence, souvent sans proportion avec la valeur effective de ce caractère. D'une manière générale, la prononciation indique le milieu où l'on a vécu et l'éducation que l'on a reçue; elle prévient pour ou contre vous les personnes qui ne vous connaissent pas. Il faut donc s'efforcer d'avoir une prononciation claire, correcte et élégante. L'élément le plus important est l'articulation, car la consonne est l'âme du mot; c'est elle qui subsiste à travers ses évolutions. Aussi le sténographe n'écrit-il le plus souvent que les consonnes. Qui les perçoit nettement supplée aisément le reste.

Le troisième point est le groupement convenable et la mise en relief proportionnelle des différentes parties du discours.

Il faut d'abord réunir ce qui doit être ensemble, séparer ce qui représente des pensées distinctes. La continuité doit alterner à propos et harmonieusement avec la discontinuité. Les arrêts importants sont marqués par la ponctuation, et c'est une règle fondamentale de l'observer exactement. Ponctuer et soutenir sa voix, disait M. Got, sont les deux conditions premières d'une bonne lecture. Maintes fois un signe de ponctuation remplace une conjonction, indique un rapport de coordination ou de subordination. Quelle imprudence de refuser la main que nous offre l'auteur lui-même pour nous diriger à travers ses développements! Les auteurs dramatiques, en particulier.

calculent attentivement le moindre détail de ponctuation.
Cela est très sensible chez Molière; et ses indications ont
d'autant plus de prix qu'il joint à cet égard l'expérience
du comédien à la science théorique de l'écrivain.

Ponctuer, toutefois, ne suffit pas. Il faut, en outre, mar-
quer les rapports de valeur des parties entre elles, depuis
l'élément jusqu'au tout. Dans un mot, les différentes syllabes gravitent autour de l'une d'elles; une phrase est
suspendue à un ou plusieurs mots, un paragraphe à une
phrase, un discours à quelques idées génératrices. Il faut,
entre les différentes pièces du discours, établir des plans,
comme dans un tableau. Que, par un débit approprié,
certaines parties s'enlèvent en pleine lumière sur un fond
gris ou moins distinct. En général, un morceau de littérature est un organisme où les parties, tout en ayant leur
vie propre, sont subordonnées au tout. Il faut faire voir
cette subordination, et éviter de donner aux détails une
valeur qui masque l'ensemble. Si vous lisez une fable de la
Fontaine, peignez curieusement le héron au long bec ou le
bûcheron courbé sous le faix, puisque aussi bien l'auteur
se plaît à faire de chaque objet, pris en lui-même, un por-
trait achevé; n'oubliez pas cependant de faire saisir l'unité
et le sens général de la composition. Une manière large
et simple est d'ordinaire supérieure à un souci inquiet
des détails et à la préoccupation de faire un sort à chaque
mot. Il y a des parties qu'il faut dire d'un ton uniforme
pour faire ressortir le mot qui en jaillit :

> Puisqu'il faut être grand pour mourir, je me lève!

Le dernier ordre de prescriptions concerne la musique
du langage.

Il faut trouver l'intonation juste, la varier avec convenance, mesure et naturel, préférer le plus souvent un ré-
citatif très simple, presque uniforme, aux écarts de la
musique proprement dite.

Le mouvement sera de même, en général, calme et mesuré, plutôt lent. Rien ne paraît long comme un discours
débité trop vite.

Enfin, il convient de rythmer ce qu'on lit. Non seulement il y a dans une phrase des parties qui se répondent,
une alternance de saillies et de dépressions; mais un ensemble tel qu'un discours ou un acte de drame est rythmé
comme une composition musicale. Ce caractère se rencontre surtout chez les écrivains qui ont un sens vif du
théâtre, tels que Molière. L'interprète habile sait couper
une longue scène en membres symétriques, aller, d'un
mouvement ascensionnel, vers le point culminant, faire
éclater le mot décisif, puis ménager un temps d'arrêt
pour reprendre ensuite d'un ton calme, et commencer un
nouveau développement rythmique. Le rythme est la loi
de la vie. Appliqué à la diction, il saisit et entraîne les auditeurs. Il leur fait vivre ce qu'ils entendent.

De ces observations, soit générales, soit techniques, il
résulte qu'on ne peut lire à haute voix sans avoir préparé
sa lecture. La lecture improvisée, disait un jour M. Got à
ses élèves, c'est le clair de lune du discours. Il voulait
dire, je suppose, que, dans la lecture improvisée, les choses ne reçoivent qu'une lumière douteuse, manquent de
relief et n'apparaissent pas à leur plan.

Non seulement il faut se préparer, mais il faut préparer
les auditeurs. Nous donnerons, avant de commencer, toutes les explications nécessaires, puis nous lirons sans
interruption. Le commentaire intercalé vient rompre le
charme. Quand le texte veut être expliqué par le menu,
que la séance d'explication soit suivie d'une lecture faite
d'un trait.

Il convient enfin que nous notions le signe auquel le
lecteur reconnaîtra qu'il réussit. Ce signe est le silence
de l'auditoire. Si le silence et l'immobilité ne sont pas ab-
solus, le lecteur doit se dire qu'il pèche par quelque en-

droit, et tâcher de se corriger. Le mouvement et le bruit résultent d'une dispersion de l'activité, qui n'a pas lieu chez les personnes vraiment attentives.

IV

La manière de lire le vers français réclamerait un examen spécial. Nous nous bornerons à quelques indications.

Il est certain d'abord qu'il ne faut pas lire les vers comme la prose. Puisque dans les vers il y a un rythme et des rimes, dit excellemment M. Legouvé, il faut faire sentir le rythme et les rimes. Certaines modifications de prononciation peuvent à cet égard être nécessaires. Accordons-les de bonne grâce à l'auteur, qui les attend de nous, et ne transformons pas ses vers en prose mal venue. Le plaisir de découvrir une sorte de chant dans la simple parole vaut bien ce léger sacrifice.

Gardons-nous, toutefois, quand nous lisons des vers français, de faire entendre une mélopée exagérée et contraire au génie de notre langue. Il n'est pas douteux que, chez nous, la prose et les vers ne diffèrent moins entre eux que chez les anciens et même chez la plupart des peuples modernes. De bonne heure nos poètes ont cherché à réaliser le charme du vers sans renoncer à aucune des qualités souveraines de notre prose : il en est résulté, pour notre poésie, un rapport spécial avec la prose, que le lecteur n'a pas le droit de méconnaître. Il faut que, dans la manière de faire sentir le vers, il s'inspire scrupuleusement et exclusivement du génie propre de la poésie française.

Pour savoir comment on doit lire le vers français, il faut d'abord se demander sur quel principe il repose. La question ne laisse pas que d'être délicate.

7

Selon certaines personnes, le vers français est, au fond, composé de mesures musicales, de noires et de croches, et repose sur la quantité et sur la durée. La seule diffé-rence, c'est que les rapports, qui, en musique, sont exacts et précis, ne sont ici qu'approximatifs et comportent une grande latitude.

Contre cette théorie nous remarquerons qu'en musique on peut toujours remplacer une noire par deux croches et qu'on ne peut jamais, dans le vers français, remplacer une syllabe par deux syllabes. Que si l'on essaye de scan-der le vers français d'après le principe de la durée, on est à chaque instant arrêté par des difficultés insolubles. On ne s'en tire que par des inventions arbitraires. Enfin, si l'on dit les vers d'après ce principe, on les rapproche de la musique d'une façon exagérée et désagréable. Que devien-drait l'hémistiche :

Va, cours, vole et nous venge !

réduit en mesures musicales?

D'autres veulent que le vers français repose sur l'accent tonique, et contienne un nombre déterminé de syllabes accentuées, réparties selon des règles dans l'ensemble du vers. Ainsi la constitution normale de l'alexandrin serait une série de quatre anapestes toniques; l'accent à la sixième et à la douzième syllabe serait seul obligatoire. A l'appui de ce système, Quicherat disait que, toutes les poésies étrangères reposant sur certaines conditions d'ac-cent, il est infiniment probable, *à priori*, que la poésie française, leur sœur et leur contemporaine, n'a pu adop-ter un autre principe.

Mais cet argument *à priori* ne peut nous convaincre. Nous trouvons au contraire que l'accent tonique, bien moins marqué en français que dans les autres langues, n'y offrirait pas, comme dans plusieurs d'entre elles, une base suffisante à la versification. Dans les langues où le

vers repose sur l'accent, comme l'allemand, on peut ajou-
ter ou retrancher des syllabes sans détruire le vers : il
n'en est pas de même en français. De plus, et comme dans
le système de la quantité, on est arrêté à chaque pas
quand on veut scander les vers d'après l'accent. Combien y
a-t-il d'accents dans l'hémistiche :

> Va, cours, vole et nous venge... ?

Quatre, apparemment : c'est un ou deux de trop.

Et ne gâterait-on pas ce vers de Vigny :

> Dieu! que le son du cor est triste au fond des bois,

si l'on accentuait quelque mot en outre de *Dieu, triste*
et *bois,* si par exemple on accentuait *cor?*

Lus selon le principe de l'accent, les vers français perdent leur grâce et leur souplesse. Il faut leur laisser leur
liberté d'allure.

Le vers français repose sur le compte des syllabes et sur
la rime. Ce qui le caractérise, c'est qu'il doit être construit
de telle sorte que l'auditeur, tandis qu'il l'entend, fasse
le compte des syllabes avec facilité, agrément et variété.
Pour guider l'auditeur dans ce travail, le versificateur a
à sa disposition la quantité, l'accent tonique, les arrêts
commandés par le sens, la rime et la césure. Le retour
de la rime à un moment plus ou moins prévu ajoute un
plaisir plus spécialement sensible au plaisir de composer
dans son imagination, suivant des rapports harmonieux
et divers, un nombre total déterminé.

De cette définition du vers français résultent plusieurs
conséquences intéressantes.

D'abord il faut prononcer, si doucement que ce soit, les
e qu'on appelle muets. Nous avons vu que, même dans la
prose, ils ne sont pas complètement muets : à plus forte raison dans les vers. J'ai entendu prononcer le français par
des étrangers qui croyaient que les *e* muets ne se pronon-

cent pas du tout. Ils disaient : « Souviens-toi d' c' qu' j'
l' dis. » Ce qui est absurde pour la prose ne saurait faire
loi pour la poésie.

Qu'on ne dise pas non plus que, dans les vers, la manière
de prononcer les *e* muets consiste à allonger la voyelle
précédente, à dire par exemple :

> Qu'ell' mèm' sur soi reuvers' ses murailles,

de manière à conserver la durée, alors qu'on diminue le
nomb'e des syllabes. Personne, en fait, ne prononce ainsi.
Cette manière de traîner sur certaines syllabes est contraire à l'allure vive de la langue française.

En revanche, quel charme n'a pas l'*e* muet, discrète-
ment indiqué, dans des vers tels que celui-ci :

> Dans l'ombre de la nuit cache bien ton départ !

En ce qui concerne la rime, il faut distinguer entre le
vers classique et le vers moderne.

Dans le vers classique, la règle, c'est que « la rime est
une esclave et ne doit qu'obéir ». Il faut donc se garder
de la mettre trop en relief. Le sens, d'ailleurs, suspendu
en général à la fin du vers, la laisse aisément percevoir.

Dans le vers moderne, elle a souvent plus d'importance.
La division métrique étant plus variée, la rime doit contribuer pour une plus forte part à faire sentir le vers. Pour
qu'elle soit plus remarquée, on la fait plus riche. Et
comme, dès lors, elle tire principalement à elle l'attention
de l'oreille, il est logique de lui confier l'idée centrale de
la proposition. Les rôles, finalement, sont retournés. C'est
au son de la rime que se lèvent et s'avancent les autres
mots du vers. Le lecteur la fera donc ressortir, comme
un accord autour duquel se joue une mélodie. Toutefois,
il se gardera de lui donner une valeur telle que les auditeurs, étonnés de sa richesse et de sa rareté, oublient d'entendre le sens de la phrase.

Il nous reste à considérer l'accent. Il est de trois sortes : tonique, rythmique, oratoire. Comment concilier ces trois accents ?

Un célèbre écrivain travaillait sous cette idée que, dans toute phrase bien conçue, la perfection du rythme répond nécessairement à la perfection de la pensée. C'est là un rêve d'artiste. En réalité, il n'y a aucune harmonie préétablie entre la forme et le fond ; et il n'arrive que trop souvent que l'expression immédiate et adéquate d'une pensée juste et claire en elle-même n'offre à l'oreille qu'une cacophonie intolérable. Nul ne peut échapper à cette condition, et les poètes les mieux doués, les artistes les plus habiles, ne peuvent que dissimuler plus ou moins heureusement cette divergence radicale, sans réussir à la faire disparaître.

Il faut donc le plus souvent s'abstenir de donner à chacun des trois accents toute la force qu'il comporterait, pris en lui-même. Il faut se résigner à un compromis, où chacun d'eux n'est marqué que dans la mesure où il laisse subsister les autres. La langue française se prête d'ailleurs mieux que la plupart à ce compromis. Comme l'accent tonique y est faible, il se laisse volontiers dominer par l'accent oratoire. Si dans le vers :

Et ce fer, que mon bras ne peut plus soutenir,

j'appuie sur les mots *ce* et *mon*, l'accent tonique des autres mots ne vient pas rivaliser avec ces accents requis par le sens.

La conciliation de l'accent oratoire avec l'accent rythmique est chose plus délicate. Dans le vers classique, des mesures assez sévères ont été prises pour que l'accent rythmique fût toujours respecté : c'est l'obligation de l'hémistiche et l'interdiction de l'enjambement. Le lecteur ne doit pas être trop esclave de ces règles. Elles furent nécessaires au début pour permettre à une oreille novice de

compter aisément douze syllabes. Mais les poètes n'ont
pas tardé à les interpréter d'une façon large. Quand
Racine écrit :

Me voici donc tremblante et seule devant toi,

il est clair que le vers est coupé après *donc* et après *seule*;
il n'y a nul arrêt après *tremblante*. Pour une oreille exercée, il est rare que le respect scrupuleux de l'accent oratoire ne produise pas, chez nos classiques, un accent
rythmique très naturel et très agréable.

Les modernes ont été plus loin. Tout en continuant en
général à voir dans l'alexandrin de Boileau le vers type,
ils admettent de très fréquentes et très hardies infractions
aux règles traditionnelles. Cette extension de la liberté du
poète est très légitime. A mesure que l'oreille est plus
exercée, elle a moins besoin de points d'arrêt fixes pour
faire le compte des douze syllabes. Il lui plaît d'essayer
de combinaisons nouvelles. Nous suivrons donc le poète
romantique dans son effort pour assouplir le rythme et le
rapprocher indéfiniment du mouvement oratoire. Nous
ne résisterons qu'au moment où il nous deviendra décidé-
ment impossible de nous retrouver dans notre calcul, tout
en respectant le sens. De tels vers peuvent être lus comme
de la prose : ils n'en diffèrent que par des contorsions et
par des rimes malencontreuses.

Ainsi le vers français, bien lu, sera très musical. Il
offrira à l'oreille des timbres variés et agréables, une
marche ingénieusement réglée qui, à sa manière, rappelle
une suite de mesures, des rythmes de plusieurs sortes,
qui conservent de la symétrie à travers leur souplesse
et leur liberté.

Ce serait errer toutefois que de le rapprocher étroite-
ment de la musique proprement dite. L'effet qu'obtient le
compositeur en mettant les vers en musique n'est nullement celui où doit tendre le lecteur, de si loin que ce soit.

Car la poésie, si elle est belle, y perd toujours de son prix. Il faut souscrire à la parole de Lamartine : « De beaux vers portent en eux-mêmes leur mélodie. »

V

Arrivé au terme de cette conférence, je me demande si, à mesure que nous avons avancé, nous n'avons pas dévié, au point de nous trouver maintenant en opposition avec notre principe. Nous voulions que la lecture à haute voix fût proprement une communication établie entre l'âme de l'auteur et celles des auditeurs ; et voici que nous nous complaisons à chercher les moyens de charmer l'oreille par la parole considérée au point de vue physique. La parole mérite-t-elle le culte que nous lui rendons ici? Le Faust de Goethe, lisant dans le livre saint, qu'il entreprend de traduire en toute conscience : « Au commencement était la parole, » se refuse à écrire ce qu'il lit : « Je ne puis, dit-il, mettre si haut la parole. Avant elle, il y a la pensée, et avant la pensée la force, et avant la force l'action. » Déclarerons-nous entièrement vain le scrupule de Faust?

Il faut, à ce sujet, faire une distinction.

Non, la parole ne mérite pas qu'on la cultive, si par ce mot on entend la forme recherchée pour elle-même, se suffisant, et ne voyant dans l'idée qu'un prétexte à se produire. Le culte d'une telle parole, c'est l'art pour l'art, c'est le dilettantisme. Tout homme qui croit à la vérité s'en gardera comme d'une idolâtrie.

Mais le dilettantisme fait tort à la parole. Dans la réalité, la forme et le fond sont inséparables. La pensée est imparfaite tant qu'elle n'a pas trouvé l'expression qui seule la rend communicable; qui pense, en effet, sinon pour communiquer sa pensée? Réciproquement le principal charme

de la parole lui vient de la perfection avec laquelle, phénomène sensible, elle produit l'invisible et le fait voir. On
admire que ceci puisse coïncider avec cela, le matériel
avec le spirituel.

A propos de cette parole pleine et vivante, la seule qui
soit ce qu'elle doit être, Faust aurait pu écrire sans crainte
qu'au commencement elle était; car en vérité, sous ses
espèces matérielles, elle porte en elle et l'intelligence, et
la force, et l'action.

FIN

TABLE DES MATIÈRES

— — — —

3701

SOCIÉTÉ ANONYME D'IMPRIMERIE DE VILLEFRANCHE-DE-ROUERGUE

Jules Bardoux, Directeur.

BN

SERVICE PHOTOGRAPHIQUE

www.ingramcontent.com/pod-product-compliance
Lightning Source LLC
Chambersburg PA
CBHW070812290326
41931CB00011BB/2201